DES
ARMES RAYÉES.

Aperçu pratique et théorique de ces armes au point de vue de la guerre,
l'art d'en régler le tir, la portée, etc.,

SUIVI D'UNE

NOTICE

SUR LE

REVOLVER MANGEOT-COMBLAIN

CONSIDÉRÉ COMME ARME DÉFENSIVE

PAR

H. MANGEOT

Décoré de l'ordre d'Albert l'Ours, de l'ordre de François Ier des Deux-Siciles
et de l'ordre du mérite de Prusse ;
Membre correspondant de l'Académie des arts et métiers de Paris ; de l'Académie nationale
de Paris ; de la Société des archivistes de France ;
de la Société Royale universelle de Londres pour l'encouragement
des arts et de l'industrie ;
de l'Académie universelle des arts et manufactures de Paris, etc., etc.

PARIS

CH. TANERA, ÉDITEUR

LIBRAIRIE POUR L'ART MILITAIRE, LES SCIENCES ET LES ARTS
QUAI DES AUGUSTINS, 27

1857

DES

ARMES RAYÉES.

Paris — Imp. de J.-B. Gros et Donnaud, rue Cassette, 9.

DES

ARMES RAYÉES.

Aperçu pratique et théorique de ces armes au point de vue de la guerre,

l'art d'en régler le tir, la portée, etc.,

SUIVI D'UNE

NOTICE

SUR LE

REVOLVER MANGEOT-COMBLAIN

CONSIDÉRÉ COMME ARME DÉFENSIVE

PAR

H. MANGEOT

Décoré de l'ordre d'Albert l'Ours, de l'ordre de François 1ᵉʳ des Deux-Siciles
et de l'ordre du mérite de Prusse ;
Membre correspondant de l'Académie des arts et métiers de Paris ; de l'Académie nationale
de Paris ; de la Société des archivistes de France ;
de la Société Royale universelle de Londres pour l'encouragement
des arts et de l'industrie ;
de l'Académie universelle des arts et manufactures de Paris, etc., etc.

PARIS

CH. TANERA, ÉDITEUR

LIBRAIRIE POUR L'ART MILITAIRE, LES SCIENCES ET LES ARTS

QUAI DES AUGUSTINS, 27

1857

Lith. de Nestor Delvigne, rue St Géry, 14.

PRÉFACE.

Ce n'est pas assez d'écrire un livre; il faut encore que ce livre ait un but, en un mot, sa raison d'être.

Nous nous sommes proposé de mettre à la portée de tous, la connaissance des armes rayées et celle des nouveaux projectiles; connaissances que l'on ne peut acquérir dans les ouvrages d'artillerie qui, en général, ne procèdent que par progressions algébriques, moins concluantes pour la plupart des personnes, que les définitions simples et pratiques sur lesquelles sont basées nos observations, ainsi que les dessins qui les accompagnent.

Quoique ce travail laisse, sans doute, beaucoup à désirer sous maint rapport, nous osons cependant espérer que nos lecteurs seront assez indulgents pour ne point nous imputer à crime les lacunes qu'il pourrait offrir. Ils voudront bien se souvenir que la main, qui manie la lime, n'a pas la souplesse nécessaire au maniement de la plume. Ce n'est, d'ailleurs, pas un ouvrage d'imagination que nous avons voulu faire, mais bien un résumé de quelques idées pratiques, soumises au creuset d'une longue expérience. C'est là le seul mérite de cet opuscule, si, toutefois, il a un mérite, ce que nous laissons à la justice sévère et à la sagacité impartiale du public à décider.

RAPPORT

DE

L'ACADÉMIE UNIVERSELLE DES ARTS ET MANUFACTURES, SCIENCES,
MUSIQUE, BELLES-LETTRES ET BEAUX-ARTS DE PARIS,
Sur le Traité des armes rayées dont M. H. Mangeot, arquebusier
du Roi des Belges et du Roi de Hollande, est l'auteur,
Par MM. JAURÉGUIBERRY *et* SAVARIN, .
anciens capitaines du génie, et LE ROY, *ingénieur-civil,*
Fait au nom du Comité d'Armurerie et de la section de l'Arquebuserie.

MESSIEURS ET HONORABLES COLLÉGUES.

Dans votre séance du 3 décembre 1856, vous nous avez fait
l'honneur de nous désigner, Messieurs Jauréguiberry, Savarin
et moi, pour vous faire un rapport sur l'objet précédemment
désigné.

Nous venons aujourd'hui vous rendre compte de notre mis-
sion.

L'amélioration et le perfectionnement des armes à feu ont
occupé et occupent continuellement l'attention des hommes
spéciaux dans l'art militaire ; ils recherchent scrupuleusement
tous les moyens de rendre le soldat agile, adroit, prompt à
l'attaque comme à la défense ; en un mot, on veut arriver à ce
que l'homme de guerre ne soit plus une machine, mais bien un
être pensant et agissant par son intelligence et sa propre force.

Que faut-il donc, Messieurs, pour obtenir ce résultat ? — Il
faut, comme le dit M. Mangeot, auteur d'un traité sur les armes
de guerre, un armement bien organisé.

Une nation, dit-il, dont l'armement est le mieux organisé,
» verra toujours la force de son côté, lorsqu'il y aura égalité
» dans le nombre des bataillons en ligne ; la tactique du géné-
» ral en chef, le courage et le dévouement des officiers et des
» soldats pourront bien, pendant un certain temps, balancer les
» succès, mais il n'est si grand courage et si grand talent qui
» ne doivent succomber devant un armement supérieur.

» Plus d'un grand capitaine, continue l'auteur, a vu la vic-
» toire sur laquelle il comptait, lui échapper par suite du mau-
» vais état de son armement, ou pour n'avoir pu l'utiliser con-
» venablement. »

Eh bien ! nous, Messieurs, nous avançons plus encore : nous
disons et nous affirmons qu'une armée dont l'armement sera
parfait et bien organisé doublera sa force et pourra, sans crainte
de défaite, combattre un ennemi dont la force numérique sera
de beaucoup supérieure à la sienne. Nous en avons plus d'un
exemple : le soldat qui, dans la nouvelle tactique de l'armée
française est, pour ainsi dire, livré à lui-même, se sentira au
moment du danger plus fort et plus courageux, lorsqu'il saura
avec certitude pouvoir compter sur son arme. Aussi avons-nous
vu dans nos guerres d'Afrique, et dernièrement encore dans
notre campagne d'Orient, les petites colonnes de Chasseurs de
Vincennes et de Zouaves repousser des phalanges innombrables
d'ennemis ; d'où cela provenait-il ? de notre système d'armement et de tactique bien supérieur à celui de l'ennemi que nous
avions à combattre.

Aussi, Messieurs, est-ce avec une attention sérieuse et sou-
tenue que nous avons lu l'ouvrage de M. Mangeot sur les armes
de guerre ; nous y avons vu un système d'armement nouveau
et parfait, plus en harmonie avec la vivacité et l'ardeur bouillante du soldat de la France : précision de tir, maniement facile,

légèreté, élégance, telles sont les qualités qui recommandent la carabine à rayures de M. Mangeot !

L'auteur commence son livre par une notice historique sur les armes rayées ; elle est très-savamment et très-spirituellement écrite ; nous y remarquons surtout le passage suivant : « L'infanterie, qui est l'âme de l'armée, ne peut réellement être » forte et supérieure, que par la combinaison et l'introduction » bien raisonnée des principes du tir de précision, principal » élément de sa force, de l'escrime à la baïonnette et des » manœuvres au pas gymnastique. Ces trois genres d'exercice, » bien développés dans une armée intelligente, produiront des » résultats incalculables, c'est-à-dire l'ensemble et la rapidité » dans les mouvements, la réussite des surprises et des mar- » ches forcées, la justesse des feux exécutés par les masses ou » individuellement, la puissance irrésistible dans les charges à » la baïonnette, où chaque combattant pénétré de sa supério- » rité sur son adversaire, acquiert une force double de celle de » son ennemi, si celui-ci n'a puisé, comme lui, dans ces diffé- » rents exercices de nouvelles forces physiques et morales » pour le soutenir au moment du danger.

» Disons sans crainte d'être démenti, continue l'auteur, » qu'un état, ayant son infanterie montée sur de telles bases, » possède les premiers éléments de ses victoires ; qu'en pré- » sence de pareilles troupes, la cavalerie perd la plus grande » partie de sa force et de son prestige, et que l'artillerie, elle- » même, soit de campagne ou de siége, se trouve considéra- » blement amoindrie dans ses effets. »

Ce que vous venez d'entendre, Messieurs, est également l'opinion des hommes les plus compétents dans l'art de la guerre ; car Napoléon Ier, le plus grand capitaine des temps modernes, avait compris que le gain des batailles dépendait de la bonne

organisation de son infanterie ; il y porta donc toute son attention et sa haute intelligence. Aussi pendant nombre d'années,
ce grand génie enchaîna-t-il la victoire à ses aigles. L'Empereur actuel, Napoléon III, va plus loin encore ; il fait dépendre
l'indépendance d'une nation, de l'organisation parfaite d'une
armée ; il s'exprime à peu près en ces termes, dans son ouvrage
sur l'artillerie : « Il ne suffit pas d'une centaine d'hommes bien
» bardés de fer et de quelques milliers de mercenaires pour
» sauvegarder l'indépendance d'une nation ; il faut une armée
» bien organisée. » Aussi, conséquent avec ses principes, l'Empereur s'est-il empressé d'introduire dans sa garde, ces corps
d'élites que nous appellerons corps spéciaux de tir de précision,
armés de carabines rayées (Chasseurs de Vincennes et Zouaves),
et dans la dernière lutte que nous avons eu à soutenir, est-ce
notre infanterie et plus particulièrement les corps que nous
venons de désigner, qui ont fait éprouver le plus de pertes à
l'ennemi.

L'auteur dans son ouvrage nous fait l'analyse du fusil rayé,
ou plutôt, permettez-nous, Messieurs, de nous exprimer ainsi,
dissèque son arme en habile praticien ; il nous démontre pièce
par pièce les défauts à éviter, et il les rectifie mathématique-
ment ; il serait à désirer que le système Mangeot fût adopté ; on
éviterait ainsi le défaut des montures trop courtes ou trop
droites pour les armes rayées.

Les conditions à observer sur l'épaisseur et la longueur du
canon des armes rayées, nous paraissent fondées pour obtenir
un tir juste et régulier. La théorie Mangeot pourra être mise en
pratique par les hommes spéciaux qui en reconnaîtront mieux
que nous tous les avantages. L'auteur dans ce chapitre voudrait
que les canons de fusil fussent passés à la couleur, non-seulement pour les causes indiquées par l'auteur, entr'autres celle

de la conservation du canon, mais encore pour une plus grande
sûreté du soldat et la bonne réussite d'une surprise. Souvent
une embuscade, ou une reconnaissance est découverte par
l'ennemi, par le reflet des rayons solaires sur le brillant des
armes; on pourrait éviter cet inconvénient, fort grave en campagne, en suivant le procédé Mangeot.

Ensuite, l'auteur nous fait connaître l'utilité des rayures en
spirales dans les armes de guerre; c'est un chapitre savamment
écrit. M. Mangeot est non-seulement armurier habile, mais
il possède encore des connaissances spéciales de physique
et de chimie; on voit qu'il a fait des études pratiques et très-
approfondies de son art; sans nul doute, Messieurs, que les
hommes supérieurs sauront reconnaître l'excellence du système Mangeot sur les armes de guerre, et nous sommes convaincus que sa carabine à rayures sera adoptée par l'armée
française. D'ailleurs, son ouvrage est une théorie complète de
l'arme de guerre; elle est dépouillée des termes arides de la
science, et, par conséquent, accessible à toutes les intelli-
gences.

Un mot encore, Messieurs, et nous terminons. Le Revolver
Mangeot-Comblain, considéré comme arme de guerre, serait
d'une grande utilité pour l'officier en campagne; dans les
mains d'un homme de cœur et d'énergie, le revolver devient une
arme terrible et foudroyante.

En résumé, Messieurs, le livre que vous avez livré à notre
appréciation, révèle chez l'auteur une grande capacité et une
haute intelligence; il est écrit avec verve, lucidité et savoir.
M. Mangeot est déjà connu de nous par son excellent *Traité du
fusil de chasse*, et par les nombreuses récompenses de 1er ordre
qu'il a obtenues de la plupart des Sociétés savantes dont nous
avons nous-mêmes l'honneur de faire partie; plusieurs souve-

rains l'ont honoré de pareilles distinctions ; quelques-uns même l'ont décoré, ce qui lui a valu sa nomination de membre de l'Académie universelle des arts et manufactures de Paris, qui compte elle-même des princes de sang-royal à sa tête ; aujourd'hui M. Mangeot est appelé à une plus haute récompense due à son mérite : la commission a donc l'honneur de vous proposer, Messieurs, de lui décerner la médaille d'honneur (en or) de 1re classe ; vous récompenserez ainsi non-seulement l'auteur, mais encore l'homme de cœur et de sentiments élevés, qui veut avant tout obtenir l'approbation de la France, sa patrie, qu'il n'oublie jamais dans ses œuvres.

Lu et adopté dans les séances des 7 et 28 janvier 1857.

> *Le président et les membres de la commission :*
>
> *Signé :* A. P. C. LE ROI, ingénieur en chef ;
> JAURÉGUIBERRY et L.-A. SAVARIN, anciens capitaines du génie.
>
> *Le 1er président général directeur de l'Académie :*
> A. P. C. LE ROI, ingénieur en chef.
>
> Pour copie conforme à l'original déposé aux archives de l'Académie universelle, etc.
>
> *Le secrétaire-général perpétuel :*
> Vte CH. BREDIF DE REVERDY.

QUELQUES LETTRES ADRESSÉES A L'AUTEUR.

Bruxelles, 7 juin 1856.

MONSIEUR,

Monseigneur le Duc de Brabant a pris connaissance des documents qui accompagnaient votre lettre du 30 mai dernier.

Son Altesse Royale voit avec plaisir que vos œuvres littéraires, de même que vos perfectionnements aux armes à feu portatives sont appréciés, et que vos efforts, couronnés de succès, vous ont valu, de toutes parts, les plus honorables encouragements.

Vous savez que Monseigneur a reconnu, depuis longtemps, le mérite de vos intelligents travaux et qu'il a été constamment satisfait des armes que vous lui avez fournies. — Je puis, en outre, vous assurer que Son Altesse Royale saisira toutes les occasions qui se présenteront, pour vous témoigner son désir de vous être utile.

Veuillez recevoir, Monsieur, l'assurance de ma considération distinguée.

Le premier officier d'ordonnance, trésorier du duc de Brabant.

GOFFINET.

Cher Monsieur Mangeot,

Ce que vous avez fait pour les chasseurs sérieux, en leur donnant la connaissance des armes, et pour tous les hommes de science, je l'ai fait, inspiré par vous, par vos éminents ouvrages, mais seulement à l'adresse de ceux qui se contentent d'aperçus élémentaires, et cela dans un petit ouvrage intitulé : « *Le tir au fusil, à la carabine et au pistolet.* » Vous en recevrez le premier exemplaire.

Cet ouvrage, qui n'a nullement la prétention de rivaliser avec le vôtre, est dédié à mon célèbre ami *Delvigne*, que vous citez à bon droit, et qui a été dépouillé de toutes ses admirables inventions.

J'attends une lettre de lui, que je dois insérer à la suite de la dédicace, pour imprimer le titre et mettre la bride sur le cou à l'enfant perdu.

Le spécimen que vous m'adressez, est charmant comme tout ce qui sort de votre plume. — Merci, mon maître, de cette affectueuse communication.

A vous du fond du cœur,

Votre admirateur et ami,

ADOLPHE D'HOUDETOT.

Le Havre, ce 10 décembre 1856.

Namur, ce 16 mars 1857.

Mon cher Monsieur Mangeot,

De même que vous avez la bonté de me communiquer de temps à autre vos publications, ce dont je me trouve fort honoré, je vous adresse ci-joint une notice avec plans descriptifs et deux modèles concernant un de mes systèmes de projectiles de canon présentés en Belgique, ces derniers pour augmenter vos collections déjà si intéressantes.

Je saisis cette occasion pour vous remercier en ce qui concerne l'épreuve de votre notice historique sur les armes à feu portatives, que vous avez bien voulu m'envoyer. — Le premier en Belgique, vous avez entrepris la rude tâche de porter la lumière de vos laborieuses investigations dans le chaos obscur où se perdent de plus en plus, non-seulement l'histoire, mais jusqu'aux plus vagues traditions des inventions anciennes, des progrès, des perfectionnements et de l'emploi des armes à feu.

Votre notice, outre son utilité actuelle, sera pour ceux qui nons suivront, un phare lumineux dans la nuit du passé, un jalon sûr et commode, qui les guidera dans le dédale aujourd'hui inextricable, qui, si souvent, a failli lasser notre patience au milieu de nos pénibles recherches.

OEuvre éminemment impartiale, votre travail détermine avec justice la légitime part de tous et de chacun.

Elle résume fidèlement la vieille maxime : « Rendez à César ce qui appartient à César. »

Agréez donc les remercîments tout confraternels de votre tout dévoué,

CHARRIN.
Officier d'État-major des places, etc.

Tanger, 18 décembre 1856.

Monsieur,

J'ai reçu par les mains de M. Ernest Dalormi, consul de Belgique à Tanger, votre intéressant ouvrage sur le fusil, que vous avez l'obligeance de m'envoyer, et je vous prie d'accepter mes sincères remercîments. — Comme chasseur, j'ai lu votre ouvrage avec le plus grand intérêt, et j'espère de profiter de vos excellents avis et conseils.

La carabine de votre manufacture, que S. M. le Roi a daigné me présenter, est une des plus belles armes que j'aie vues, et le tir en est admirable.

Je vous prie, Monsieur, de recevoir mes remercîments, et d'agréer l'assurance de ma parfaite considération.

J. H. DRUMMOND HAY.

Tanger, 22 décembre 1856.

Monsieur,

Vous avez bien voulu m'offrir un exemplaire de votre *Traité du fusil de chasse*.

J'ai été fort sensible à cette aimable attention de votre part, et je vous prie d'en agréer tous mes remerciements.

Quoique je ne sois pas chasseur, la lecture de votre ouvrage m'a vivement intéressé, et je comprends à quel point la connaissance d'un tel livre est utile à un amateur.

Je suis heureux de pouvoir vous dire que la carabine, donnée par S. M. le roi des Belges à M. Drummond Hay, consul général d'Angleterre, a été fort admirée de ce dernier. Le suffrage de M. Hay a d'autant plus de valeur, qu'il possède des armes sorties des meilleures manufactures d'Angleterre, et qu'il est excellent tireur. Vous en jugerez par ce fait, qu'il a tué hier son trois cent dix-neuvième sanglier!

Vous trouverez, sous ce pli, une lettre que mon collègue m'a chargé de vous faire parvenir.

Agréez, Monsieur, les assurances de ma considération distinguée.

ERNEST DALORMI.

RÉCOMPENSES DÉCERNÉES A L'AUTEUR.

———

Décoré de la médaille en or de l'ordre d'Albert l'Ours, par S. A. S. Mgr le duc d'Anhalt-Bernbourg.

Décoré de la médaille en or de l'ordre de François Ier des Deux-Siciles et honoré par S. M. le roi Ferdinand II de sa grande médaille d'honneur en or.

Décoré de S. M. Frédéric-Guillaume IV de la grande médaille d'honneur en or, accordée aux arts et aux sciences.

Médaille d'honneur en argent de l'Académie nationale, agricolé, etc., de Paris.

Médaille d'honneur en argent de l'Académie des arts et métiers de Paris.

Médaille d'honneur en or de la Société des sciences industrielles, etc., de Paris.

Médaille d'honneur de 1re classe (or) de la Société des arts, sciences et belles-lettres de Paris.

XIV

Médaille d'honneur en argent de l'Athénée de Paris.

Médaille d'honneur de la Société universelle de Londres pour l'encouragement des arts et de l'industrie.

INDUSTRIE.

Mention honorable à l'exposition Belge de 1841.

Médaille en argent à l'exposition Belge de 1847.

Médaille de 1re classe à l'exposition universelle de Paris de 1855.

Médaille d'honneur en or de l'Académie nationale de Paris pour les produits de l'exposition universelle de 1855.

POUR CETTE BROCHURE :

Grande médaille d'honneur de 1re classe (or) de l'Académie universelle, des arts et manufactures, etc., de Paris.

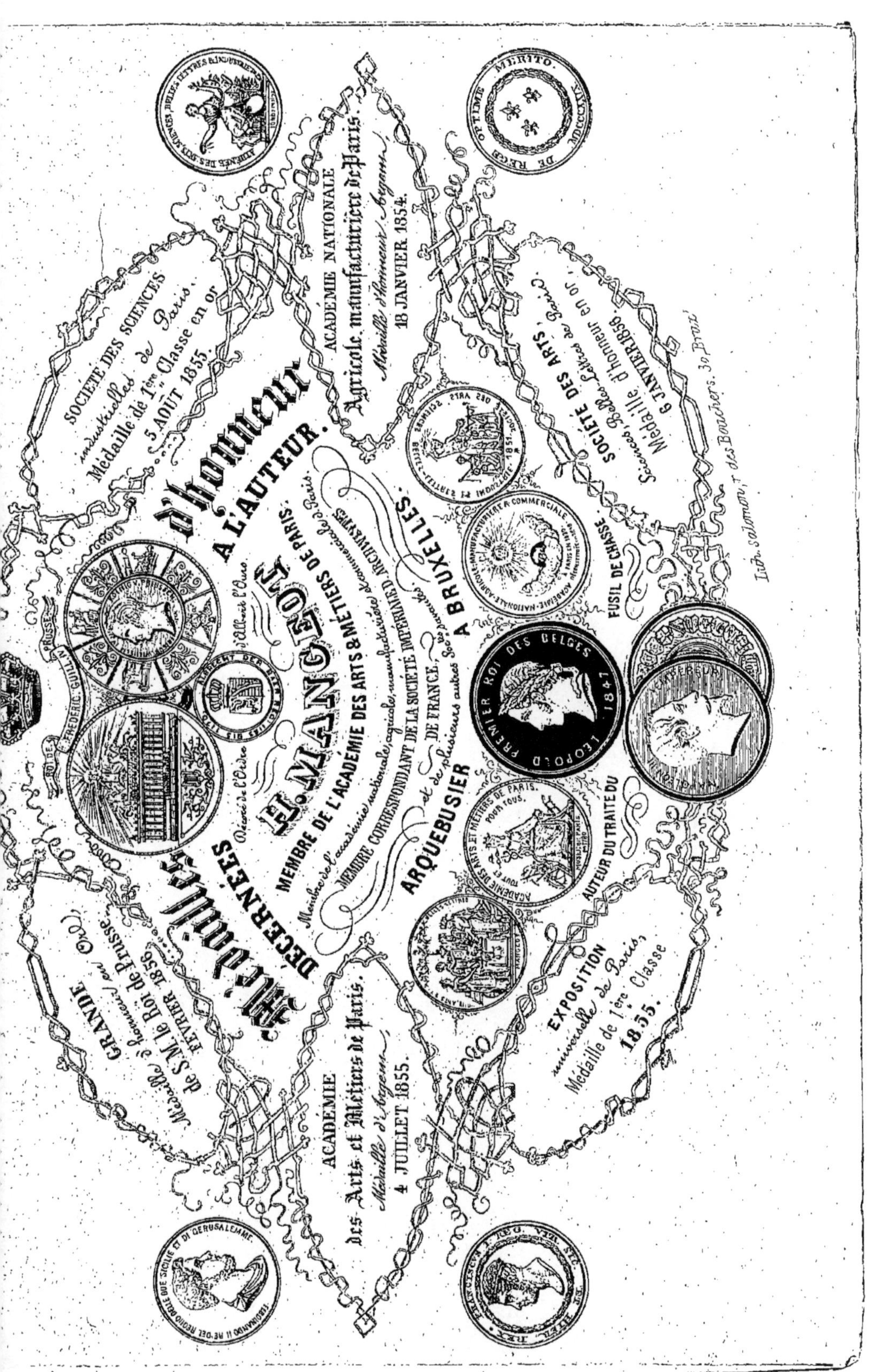

NOTICE HISTORIQUE.

Les causes qui ont le plus contribué à élever des doutes sur l'origine de quelques-unes des inventions anciennes, relatives aux armes à feu, ainsi que sur tout ce qui concerne, en général, les sciences et les arts, sont dues au manque de moyens pour les enregistrer. Tels étaient l'imprimerie, si peu répandue d'abord, lente ensuite dans ses développements ; puis les communications difficiles ; le mauvais vouloir des potentats de ces différentes époques, qui, par superstition, ignorance ou toute autre cause que nous ne chercherons pas à approfondir, emprisonnaient, ou faisaient périr d'une mort violente, comme magicien ou sorcier, le savant qui osait propager une idée nouvelle, patroner une invention, une découverte ou même lui donner son nom.

Aujourd'hui, en ce siècle de lumière, la plupart des souverains mettent leur gloire à honorer les hommes de génie, n'importe à quelle classe de la société ou à quelle nation ils appartiennent ; des sociétés savantes, dans tous les pays, sont toujours prêtes à les récompenser et à venir en aide à celui dont les moyens ne permettent pas de faire les dépenses nécessaires pour faire connaître son procédé ou son invention; la presse, les bibliothèques, les chemins de fer, la télégraphie, la loi sur les brevets, tous moyens manquant anciennement, protégent le travail et le travailleur, le relèvent, le stimulent et l'ennoblissent. Voilà les véritables causes qui ont produit ces nombreuses erreurs de la plupart des historiens, confondant souvent la date des perfectionnements ou des améliorations, avec celle de l'invention même. De nos jours, il ne peut plus en être de même et tout auteur qui faillirait à la vérité, serait au moins taxé d'ignorance ou de paresse. Nous devons donc nous estimer heureux de pouvoir constater les avantages dont jouissent les sciences, les arts et l'industrie au XIXe siècle.

Depuis quelques années, les armes rayées ont pris un tel développement dans les divers États de l'Europe, que nous nous sommes imposé la tâche de rechercher leur origine, ainsi que le nom des nations qui ont le plus contribué à en faire de véritables armes de guerre.

Les historiens qui s'en sont occupés, ne sont pas d'accord sur l'invention elle-même. Il en est qui veulent que ce soit le peuple arabe, qui, le premier en fit usage; d'autres soutiennent que c'est en Pologne qu'elles apparurent pour la première fois, sans nous indiquer un seul fait ou même une date qui puisse faire croire à ces assertions. Enfin, il en est qui prétendent, et nous sommes de ce nombre, que ce fut en Allemagne que ces armes prirent naissance. Nos recherches détruiront tout doute à cet égard.

Dès 1498, on se servait dans les tirs à la cible, à Leipsick, de carabines rayées, fabriquées par Gaspard Zollner (de Vienne), assertion qui ne prouve nullement qu'elles ne furent point en usage avant cette époque. Quoique l'on ne mentionne rien de la forme droite, ou hélicoïde de la rayure de ces armes, tout fait supposer que c'est de la première dont on veut parler, puisqu'il est démontré par des données historiques que ce ne fut que vers la fin du xvᵉ siècle, que les raies en spirales furent connues. Nous allons citer une deuxième date pour venir à l'appui de cette affirmation [1].

En 1552, Danner de Nuremberg, perfectionne la carabine. Ici on n'indique pas encore le genre de perfectionnement; mais on pressent déjà que c'est en modifiant ou perfectionnant la rayure dans le sens de l'axe.

Comme on le voit, ces dates seules suffiraient pour constater que ce fut en Allemagne que ces armes furent mises en pratique, pour la première fois, et, que c'est aussi dans ce pays que se firent les premiers perfectionnements. Nous pourrions terminer ici cette courte notice, mais nous tenons à rappeler une série de dates, afin de démontrer la véracité de ce que nous avons avancé.

1600. — Pigafetta, propose de rayer les canons d'arquebuse et de placer la lumière au milieu de la longueur de la charge de poudre. Il existe une carabine à seize rayures de cette même époque.

1620. — Koster ou Kotter de Nuremberg, mort en 1630, ayant reconnu que les rayures droites étaient loin de remplir le but que l'inventeur s'en était promis, leur donne la forme hélicoïdale, afin d'imprimer au projectile un mouvement de rotation normal qui maintienne son axe dans le plan vertical de la trajectoire et en même temps, fasse une plus grande résistance à la pression des gaz pour augmenter la portée.

[1] 1466. — Première société de tir à l'arquebuse, fondée à Bâle, en Suisse.

En 1625, les Polonais se servent pour la première fois de carabines rayées; il est dit aussi que ces armes étaient peu employées à la guerre, mais qu'elles servaient à la défense des places.

Dès 1631, le landgrave de Hesse possédait plusieurs compagnies armées de carabines rayées.

1641. — L'électeur Maximilien de Bavière forme des régiments de chasseurs, auxquels il donne la carabine rayée.

1651. — Lazaro Caminazzo, arquebusier italien d'un grand renom, fait une carabine à cinq raies, ayant une platine à rouet.

En 1674, Frédéric-Guillaume de Prusse, dans sa campagne sur le Rhin, avait dans chaque compagnie quelques tirailleurs armés de carabines rayées.

1677. — Zollner de Salzbourg, fabrique des armes à feu portatives avec grosses et petites rayures à la fois.

En 1679, les compagnies de la cavalerie française reçoivent chacune deux carabines rayées.

1690. — Il existe de cette époque une carabine à charger par la culasse, ayant sept rayures.

1691. — Les sous-officiers de dragons suédois reçoivent la carabine rayée; ceux de la cavalerie prussienne la reçoivent en 1700.

1729. — Lautmann dit dans les Mémoires de Saint-Pétersbourg, qu'il est très-avantageux de tirer les balles elliptiques avec des armes rayées, surtout lorsqu'on les y fait entrer de force.

1740. — On modifie la carabine en France en ne faisant commencer les hélices qu'à huit pouces de la bouche; la partie non rayée est du calibre du fond des raies, afin que la balle puisse y arriver librement, ce qui facilite la charge de cette arme.

1743. — Robins, auteur anglais, dit que les carabines rayées sont peu connues en Angleterre; il croit qu'elles n'ont d'autre mérite que de diminuer les dérivations latérales.

Pendant la guerre de Sept ans, Frédéric le Grand, roi de Prusse, eut un bataillon de chasseurs armé de carabines rayées, afin de les opposer aux fameux Tyroliens dont l'Autriche se servait avec tant d'avantage contre les troupes de ce grand capitaine [1]

1760. — Les Suédois se servent de nouveau d'armes rayées. La même année Freitag donne aux carabines une lumière évasée qui s'amorce d'elle-même.

1778. — L'Autriche a deux mille tirailleurs ayant des carabines doubles; elles sont à crochet pour pouvoir les appuyer pendant le tir et n'ont qu'un canon rayé.

1787. — Les chasseurs de l'armée prussienne ont des carabines rayées et à baïonnette.

1793. — Première carabine modèle en France, connue sous le nom de carabine de Versailles.

1794. — Les Anglais adoptent la carabine rayée.

1797. — On trouve dans le *Magasin hanovrien* de cette année la proposition de donner au fusil d'infanterie une rayure plate, faisant un tour sur la longueur du canon; la balle devait être mise sans calepin, à la manière ordinaire, le papier de la cartouche suffisant pour prendre l'empreinte des rayures. Le canon ne devait pas recevoir de surcroît d'épaisseur.

1814. — On fait en France des essais comparatifs entre la carabine rayée et le fusil d'infanterie. La première porte plus loin que le second, avec balle de 20 à la livre et presque aussi

---

[1] Cette guerre eut lieu de 1756 à 1763. A cette époque Frédéric le Grand fit faire de nombreux progrès à la science militaire.

loin avec balles de 18. Dans ce dernier cas, le tir de la carabine est quatre fois plus juste que celui du fusil, et il l'est 12 fois plus dans le premier cas. La rapidité du tir est comme 1 est à 5.

1815. — La France a un bataillon armé de carabines rayées.

1816. — L'Angleterre possède 14,000 carabines rayées.

1824. — On reproche aux amorces fulminantes de rendre le tir de la carabine moins juste; cela peut être, l'arme étant fixée à un banc d'épreuve; mais, l'effet contraire aura lieu lorsqu'on tirera l'arme appuyée à l'épaule par suite de la vive détonation du coup de feu qui annihile en quelque sorte le tremblement nerveux du tireur.

1825. — En Angleterre, on fait aux culasses des carabines rayées un trou capilaire, pour faciliter à l'air refoulé de s'échapper pendant la charge.

1826. — M. Delvigne propose une carabine se chargeant avec autant de facilité que le fusil de munition. Tout le principe repose sur une culasse dont le dé contient la charge de poudre; cette chambre est plus étroite que le tube du canon, par conséquent elle présente un ressaut à son orifice et permet ainsi de forcer le projectile dans l'âme du canon de manière qu'il se moule dans les rayures. Cette arme a moins de portée, suite de l'aplatissement de la balle, qui offre ainsi une plus grande surface à la résistance de l'air.

1828. — On adopte en France un modèle de fusil de rempart à charger par la culasse; le canon est rayé.

1829. — M. Delvigne fait construire, à ses frais, 20 carabines. On les essaie à Vincennes. Elles donnent une supériorité de justesse sur le fusil d'infanterie, dans la proportion de 7 à 1, à la distance de 200 mètres. La charge n'est que de 5 grammes au lieu de 9 $\frac{1}{2}$; ce qui donne moins de recul, mais aussi moins de vitesse initiale à la balle ; en portant la charge de cette nouvelle arme à 7 1/2 grammes, elle acquiert une supériorité de vitesse initiale, mais elle a moins de portée.

1830. — En France, le colonel d'artillerie Pouchara propose une carabine rayée qui se charge librement par la bouche sans employer de maillet (avec le sabot Brunel). Cette carabine n'est autre qu'une modification infructueuse faite au système de M. Delvigne.

Comme on le voit, les armes rayées firent peu de progrès pendant un long espace de temps, malgré les nombreux essais tentés en Allemagne et ailleurs en vue d'améliorer leur portée, leur justesse, ainsi que leur mode de chargement. Ce dernier point surtout, fut cause qu'on en fit rarement usage, comme arme de guerre.

L'emploi du calepin était un léger perfectionnement, mais n'offrait en réalité qu'une faible valeur comme arme défensive.

La grande faute que commirent les anciens expérimentateurs, est due en partie à l'imprévoyance qu'ils mirent dans le principe de coordonner entre eux le nombre, le pas, la forme, la largeur et la profondeur des hélices avec la charge de poudre, le poids et la forme du projectile. Ceci établi, le point essentiel à vaincre était naturellement la charge qu'il fallait rendre aussi facile que celle du fusil de guerre actuel.

Cet immense résultat fut obtenu par M. Delvigne, officier français dans la garde royale.

Avant cette époque, la carabine eut peu de succès en France ; les causes qui y contribuèrent furent la lenteur et la difficulté de la charger en face de l'ennemi ; son poids et son peu de longueur joints à son principe vicieux de chargement, qui ne permettait pas l'application de la baïonnette, étaient des inconvénients avec lesquels le caractère bouillant du soldat français ne pouvait transiger ; tels furent les principaux motifs de l'insuccès de la carabine dans ce pays.

M. Delvigne, voyant que le mode de forcement par la bouche, employé par des prédécesseurs, avait toujours été contraire à la rapidité et à la régularité des feux d'ensemble, exécutés par les masses, eut l'heureuse idée de créer une carabine ayant une chambre cylindrique contenant la charge de poudre et formant ressaut, modification qui permit d'introduire la cartouche dans le canon aussi librement que dans le fusil ordinaire, et où il suffisait de quelques coups de baguette sur le projectile pour l'aplatir sur le ressaut et par cela même lui faire prendre l'empreinte des rayures, tout aussi bien que si l'arme avait été chargée au maillet.

Certes, ce genre de chargement était loin d'être parfait, mais il eut le grand mérite de mettre les hommes de la science, ainsi que les praticiens de son pays, sur la bonne voie. Aussi voyons-nous apparaître successivement la carabine de 1840, et celle de 1842, remplacées par celle de 1846 déjà proposée deux années auparavant par M. le colonel d'artillerie Thouvenin.

Cette arme, qui fit et fait encore tant parler d'elle, est la carabine à tige des Chasseurs de Vincennes. Les fréquents et brillants combats que cette troupe fut obligée de soutenir en Afrique contre des nuées d'Arabes embusqués de toutes parts, soit derrière des rochers, des broussailles ou dans des ravins, firent comprendre toute l'importance de cette nouvelle arme qui permettait au soldat d'atteindre son ennemi à des distances jusqu'alors inconnues.

Dès ce moment, on vit les corps savants de tous les pays s'occuper d'imiter, de modifier et même de confectionner des armes aussi bonnes, sinon supérieures. Ces résultats devaient amener naturellement de grands changements dans les manœuvres et dans l'exercice des hommes armés de la carabine à tige. C'est en effet ce qui eut lieu. On exerça les bataillons de Chasseurs à l'escrime à la baïonnette et aux manœuvres du pas gymnastique, deux autres éléments qui vinrent couronner l'œuvre en produisant des hommes de fer et des héros, suite de la confiance que ces soldats avaient acquis dans leur adresse, leur force et leur agilité pour l'attaque comme pour la défense.

L'infanterie, qui est l'âme d'une armée, ne peut véritablement être forte et supérieure, que par la combinaison et l'instruction bien raisonnée des principes du tir de précision, principal élément de sa force, de l'escrime à la baïonnette et des manœuvres au pas gymnastique. Ces trois genres d'exercices bien développés dans une armée intelligente, produiront des résultats incalculables; c'est-à-dire l'ensemble et la rapidité dans les mouvements, la réussite des surprises et des marches forcées, la justesse des feux exécutés par les masses ou individuellement, la puissance irrésistible dans les charges à la baïonnette [1] où chaque combattant, pénétré de sa supériorité sur son adversaire, acquiert une force double de celle de son ennemi, si celui-ci n'a puisé comme lui dans ces différents exercices de nouvelles forces physiques et morales pour le soutenir au moment du danger.

Disons, sans crainte d'être démenti, qu'un État, ayant son infanterie montée sur de telles bases, possède les premiers éléments de ses victoires; qu'en présence de pareilles troupes, la cavalerie perd la plus grande partie de sa force et de son prestige, et que l'artillerie elle-même, soit de campagne ou de siége, se trouve considérablement amoindrie dans ses effets.

[1] Surtout le sabre-baïonnette des Chasseurs de Vincennes.

Écartons-nous un instant de notre sujet, pour dire deux mots sur la théorie de la baïonnette.

L'escrime à la baïonnette n'est pas un exercice nouveau ; sa théorie remonte déjà à plus d'un siècle, car il existe un traité écrit par un nommé Girard, qui date de 1740 ; ensuite nous voyons le baron de Beélen qui l'applique à l'arme des Chasseurs en Autriche, en 1819, et, plus tard à toute l'infanterie de cet empire. Le Danemarck, le Hanovre, la Saxe, les duchés de Bade, de Brunswick et de la Hesse grand-ducale, exercent une partie de leurs troupes d'après l'instruction du capitaine saxon Selmnitz, dont la théorie a été publiée, en 1825, et traduite par M. le lieutenant adjudant-major Merjay du régiment d'élite belge. Nous voyons encore en Belgique d'autres auteurs sur cette matière, le général Capiaumont et le lieutenant Chapître, tous deux sortant du régiment des Chasseurs-carabiniers, autrefois connus sous le nom de Partisans. L'ouvrage de ce dernier, surtout, paraît un travail simple et clair dans sa démonstration ; sa théorie fait faire des progrès rapides en peu de temps, sans fatigue de la part de l'instructeur et de la recrue.

L'exercice du pas gymnastique est une de ces heureuses innovations adoptées pour les guerres de l'Algérie ; cette nouvelle manœuvre augmente les chances du succès, tout en diminuant celles des pertes en hommes.

L'étude du tir, aux écoles de Vincennes, Grenoble, Toulouse et Saint-Omer [1], est aussi une conséquence des guerres des pays montagneux, où l'armée française était souvent obligée de combattre individuellement les naturels plus agiles qu'eux.

---

[1] 1466. — En Suisse, première société de tir à l'arquebuse, créée à Bâle. C'est Boleslas, duc de Schweidnitz, qui, en 1286, introduisit le tir à la cible pour l'arbalète.

Je ne terminerai pas cette notice sans rappeler le dernier paragraphe de ma première brochure sur les armes de précision et la transformation de l'arme à silex en celle à percussion.

« Enfin pour donner une idée de la supériorité que doivent avoir les armes de précision et le fusil à percussion sur celui à *silex*, nous rapporterons ici quelques notes relatives au tir de ce fusil pendant les guerres de la république et de l'empire français ; elles suffiront pour démontrer son peu d'efficacité comme arme de jet en face d'une troupe ennemie.

« D'après le général Gassendi, il a fallu 3,000 coups de cette arme pour atteindre un seul homme ; d'après le savant général prussien Decker, et d'après le *Mémorial d'artillerie*, le nombre est porté à 10,000 pour obtenir le même résultat. »

Quand on réfléchit à cette quantité de coups tirés pour mettre un soldat hors de combat, on reste confondu devant l'opposition systématique que les comités d'artillerie ont faite à l'adoption du fusil percutant et on doit peu s'étonner si en 1828, M. Masson, a fait en plein parlement, la proposition de rendre l'arc et les flèches à une partie de l'infanterie anglaise [1].

Sans aucun doute ce retard n'est imputable qu'au principe d'économie, ou à un sentiment d'humanité pour la société. Si c'est l'économie qui a été le motif de ce retard, ces Messieurs se sont grandement trompés parce que ce fusil offre beaucoup moins de réparations que celui à silex, et que son prix de revient est moins onéreux aux gouvernements. Comme entretien, l'avantage reste au fusil à capsule. Voici une preuve évidente de sa supériorité : en 1832, il a été fait en Hanovre des

---

[1] Nous voudrions bien voir quelle figure les troupes anglaises, ainsi armées, feraient en face des Russes munis du fusil rayé et de la carabine à tige.

expériences comparatives entre ces deux fusils : sur 72,000 coups tirés par le premier, on compte 72 ratés par la charge et 24 par les capsules, tandis que celui à silex, sur le même nombre de coups, nous donne 378 ratés par la charge et 1,448 par l'amorce. Reste la question humanitaire ; si tel a été le but de ces Messieurs, on doit s'incliner avec respect devant une pensée aussi généreuse !... attendu que la transformation de l'arme à pierre au système à capsules fait du fusil de guerre actuel une arme terrible, dont les effets sont dès à présent incalculables.

Sa rapidité d'inflammation fait que la majeure partie des coups de feu sont tirés à hauteur d'homme, le soldat n'ayant pas le temps de bouger son arme avant que le projectile ne soit hors du canon ; avec ce fusil, les ratés et les longs feux sont très-rares. Ajoutez à cela le perfectionnement de l'arme à tige et du fusil rayé, où l'on emploie la balle expansive de forme cylindro-conique, massive pour la première et creuse pour le second, avec ou sans culot ou ayant un noyau dans la cavité, qui peuvent aux distances de 12 à 15 cents mètres faire des blessures graves, et vous aurez une supériorité prodigieuse sur le fusil à silex, avantages malheureusement tristes à signaler, puisqu'ils sont appelés à doubler et peut-être même à quadrupler les moyens de destruction de l'espèce humaine.

La guerre d'Orient prouve combien nos prévisions étaient justes quand nous disions que la percussion serait d'un effet incalculable, surtout avec les armes rayées, où l'on fait usage des balles oblongues creuses ou massives.

Dans cette guerre, de simples combats et des rencontres ont pris rang parmi les batailles les plus sanglantes.

Nous concluons de là, que la nation dont l'armement sera le mieux organisé, verra toujours la force de son côté, lorsqu'il y aura égalité dans le nombre des bataillons en ligne ; la tactique du général en chef, le courage et le dévouement des officiers et des soldats pourront bien pendant un certain temps balancer les succès, mais il n'est si grand talent et si grand courage qui ne doivent succomber devant un armement supérieur [1].

Plus d'un grand capitaine a vu la victoire sur laquelle il comptait, lui échapper par suite du mauvais état de son armement ou pour n'avoir pu l'utiliser convenablement. (Waterloo n'est-il pas là !)

[1] La France qui, depuis 1826, est à la tête du progrès et qui a donné l'élan pour les nouvelles armes rayées, sera-t-elle la dernière à en munir ses soldats ; restera-t-elle en arrière pour cette amélioration, comme elle le fit autrefois pour la transformation des armes à silex en armes percutantes ; attendra-t-elle l'heure qui précède le combat ou méconnaîtra-t-elle les avantages de l'arme rayée, elle dont le soldat est si intelligent (en France tout homme est tirailleur) ! Qu'elle adopte donc le fusil rayé de la garde avec sa balle expansive, en ayant soin d'y appliquer une hausse à curseur, et alors — seulement alors — son infanterie sera à la hauteur de celles des autres nations, sinon supérieure, quoiqu'il arrive.

Ce n'est qu'en mai 1840 qu'il a été ouvert, en France, un crédit de 3,600,000 fr. pour convertir 700,000 fusils à silex au système à percussion. Ce travail devait être terminé en 1842.

Cependant nous devons dire qu'en 1830 la France avait 2,000 fusils neufs à percussion, destinés à l'infanterie de la garde royale, armes qui ont été enlevées par les combattants de juillet.

CHAPITRE PREMIER.

MONTURE.

Pour démontrer les progrès et les perfectionnements qu'a subis la monture des armes à feu portatives, nous devons nous reporter à son invention. Certains historiens prétendent qu'elle eut lieu en 1247. Voici une date qui semble démentir cette supposition, puisqu'il est dit que ce n'est qu'en 1310 que les canons de fusil furent inventés en Bohême. Nous croyons qu'il est beaucoup plus sage et rationnel de se reporter à l'année 1378, époque où il est fait mention de l'arquebuse à mèche en Allemagne. Dès 1381, les Augsbourgeois avaient 36 arquebusiers, et l'année suivante il y avait des armes à feu portatives à la bataille de Rosabecque. En 1383, les Lithuaniens connaissaient les armes à feu de main ; on s'en servit au siége de Troski. Toutes ces armes étaient à monture droite. Ce n'est que de 1480 à 1483 que la monture de l'arquebuse à croc prit la forme coudée, modification qui s'est insensiblement améliorée jusqu'à nos jours. Dans plusieurs pays, elle est encore très-défectueuse pour les armes de guerre; elle y est trop courte et trop droite pour les armes rayées. Selon nous, les dimensions données à notre modèle sont plus favorables, pour permettre à l'œil du soldat de rencontrer sur une même ligne et dans un même plan le fond du cran de visière, le sommet du guidon et le but qu'il veut atteindre. La pente est assez forte pour affaiblir les vibrations qui se communiquent du canon au bois et, par ce moyen, diminuer le recul.

Le canon et sa queue de culasse (ou la bascule si l'arme est à chambre) seront mis en bois d'aplomb et à plat, autant pour ne pas fausser la ligne de tir que pour rendre l'arme solide et éviter le recul; cette dernière cause surtout, ayant pour effet de détériorer promptement la monture, en même temps qu'elle nuit plus ou moins à la précision du tir. La platine, la sou-garde et la plaque de couche doivent aussi être placées dans leur encastrement, avec le plus grand soin, si l'on tient à la durée de l'arme.

Le bois doit être exempt de tares et de nœuds; il faut éviter l'emploi de l'aubier. La monture sera à fil droit sur toute sa longueur, notamment à la poignée, car celle-ci, une des parties les plus faibles, courrait risque de se briser lors des exercices ou par des surcharges. Nous voudrions en outre une poignée mieux comprise que celle de la plupart des armes de guerre; elle devrait être ovale au lieu d'être ronde, ce qui empêcherait l'arme de tourner dans la main du soldat. On conçoit parfaitement que si les veines ou fibres du bois font opposition directe à l'action répulsive des gaz engendrés par la déflagration de la poudre, il devient possible d'éviter les inconvénients qui pourraient résulter tant du surcroît de poudre, que de celui du projectile, de son trop de forcement ou encore de la mauvaise position qu'il occupe dans l'âme du canon;

c'est-à-dire s'il ne repose pas exactement sur la charge de poudre [1].

Comme la monture des armes de guerre ne reçoit pas un vernis pour la protéger contre les intempéries des saisons, il faut y parer par une préparation ou un en caustique qui conserve le bois. Voici un procédé suivi en Autriche : mélange de 1 partie de vernis à l'essence de térébenthine et de 3 parties de vernis à l'huile de lin ; on fait sécher pendant quelques heures à l'ombre dans un lieu propre. Cette préparation donne au bois un lustre mat.

On peut encore employer celle que donne dans son ouvrage de chasse le célèbre colonel Hawker, si connu en Angleterre : Prenez 1 litre d'huile de lin crue, 45 grammes de gomme arabique dissoute dans de l'eau chaude, 60 grammes d'orcanète, 15 grammes stil de grain et 25 centilitres de vinaigre blanc ; faites bouillir le tout ensemble, remuez le mélange, et lorsqu'il sera un peu réduit, laissez-le reposer dans une terrine pendant 48 heures. Pour se servir de cette dernière composition, on doit en appliquer toutes les 24 heures une couche, très-légèrement et régulièrement étendue, jusqu'à ce que le vernis recouvre suffisamment le bois, puis on termine l'opération avec la peau à lustrer. Il importe que les garnitures soient en fer, avec trempe jaspée, ayant la partie supérieure aplatie, de manière que le soldat puisse reconnaître si l'arme dont il se sert, est bien d'aplomb dans le plan de tir, lorsqu'il est prêt à faire feu.

---

[1] 1822, invention d'un tour, par Buckle, à découper les bois de fusils, d'après un modèle monté sur un banc ; plus tard Grimpé eut la même idée.

2.

CHAPITRE II.

———

CANON.

Les Chinois citent Fou-hi, comme étant le premier qui découvrit le fer, 2953 ans avant l'ère vulgaire, découverte qu'il fit en mettant le feu aux ronces qui couvraient la terre ; ils font aussi dater l'invention des tubes à feu, de l'an 80 après la naissance du Christ.

L'histoire nous indique la Bohême comme étant le pays où furent faits les premiers canons des armes à feu portatives, en 1310.

Vers 1360, Pétrarque dit que les canons ou cylindres des armes à feu furent confectionnés d'une seule pièce et fermés d'un côté pour former la culasse ; il nous apprend aussi qu'à cette époque, les armes à feu étaient d'un usage général en Italie.

Quant à la forme de l'âme, tout fait supposer qu'elle fut dès le principe cylindrique et qu'ensuite elle prit différentes autres formes, telles que la conique, l'espagnolée, l'ovale, l'elliptique et même la quadrangulaire. Pour l'extérieur, elle fut d'abord ronde, puis à plusieurs pans; ensuite ronde à bande plate, etc. La forme actuelle pour la majeure partie des armes est tronc-conique ayant quelquefois cinq petits pans au tonnerre, d'une longueur d'environ 4 à 6 centimètres.

Ceci dit, occupons-nous des moyens les plus convenables pour établir de bons canons rayés.

La première condition qu'on doit observer pour obtenir une confection convenable pour le canon des armes rayées, est d'employer des matières de premier choix, parfaitement corroyées et soudées. Ils doivent être exempts de fautes de soudure, de travers, de criques et cendrures, et assez étoffés pour pouvoir y tracer les hélices uniformes ou progressives voulues, sans que la solidité en soit altérée. Cette dernière considération aura pour effet d'atténuer les vibrations qui résultent de la dilatation des gaz, provenant de la combustion de la poudre, et de la résistance que les spires opposent à la marche du mobile dans l'âme, vibrations qui nuiraient à la justesse et à la portée de l'arme; dans certains cas, il pourrait même y avoir rupture de l'une ou l'autre des parois du tube. Il faut donc lui conserver une épaisseur métallique suffisante sur toute sa longueur, pour qu'il puisse supporter non-seulement les fatigues du tir, mais encore celles qu'il est appelé à recevoir comme arme de hast; de plus, cette précaution permettra de raviver les rayures, lorsqu'elles seront endommagées sans que l'arme en perde sa solidité.

Le canon des armes de guerre actuelles, affecte la forme tronc-conique dont la grande base se trouve au tonnerre et la petite à la bouche; un tel canon, mais ayant une bande plate sur toute sa longueur (surtout s'il est fixé au bois par des tiroirs), large d'environ 8 à 10 millimètres, laisserait au soldat la facilité de tenir son arme parfaitement d'équerre dans le plan vertical de la ligne de tir; en outre, elle le mettrait à même de rectifier le tir du canon, si ce dernier était quelque peu défectueux pour la ligne droite, qu'on a soin de modifier soit à droite soit à gauche, suivant que le guidon serait porté à droite ou à gauche de l'axe du canon. Le bout pourrait au besoin rester rond à l'emplacement du sabre-baïonnette, qui sert à le maintenir avec plus de solidité sur l'arme.

Le canon des anciennes armes rayées était d'une épaisseur et d'un poids exagérés. Le canon de nos jours semble, pour certain pays, tomber dans l'excès contraire. Quant à la longueur, nous serions d'avis que, pour les petits calibres, elle soit basée sur 48 fois le diamètre de l'âme et 46 fois pour les grands, quoique nous sachions parfaitement bien que cette longueur est inutile et même contraire à la portée des armes rayées, puisqu'elle est au-delà de celle qu'il faut pour obtenir la comburation entière de la charge de poudre, et, qu'en outre, elle tend à augmenter l'action des frottements et du recul.

Mais voici d'autres considérations qui nous forcent à adopter ces limites :

1° De laisser au canon une longueur suffisante pour conserver à l'arme sa valeur comme arme de hast;

2° Cette même longueur, rapprochant la bouche du canon du but, concourt à amoindrir les écarts et en diminue le nombre.

Telles sont les causes qui m'empêchent de régler la longueur de mes canons sur 28 ou 30 fois le diamètre de l'âme, longueur suffisante pour que toute la charge de poudre brûle dans une arme rayée.

Nous voudrions que le diamètre de l'âme ne fût pas au dessous de 14 millimètres, ni au dessus de 15 millimètres, ce qui permettrait de donner à l'arme un ensemble plus gracieux, tout en la rendant plus légère, plus maniable et tout aussi solide que celles dont on se sert aujourd'hui. L'épaisseur du canon, à la bouche, sera de 2 1/2 millimètres, allant graduellement en augmentant jusqu'à l'orifice du tonnerre, où il doit avoir 5 millimètres. Il sera dressé avec le plus grand soin, à l'intérieur comme à l'extérieur; son âme sera parfaitement cylindrique et polie en long; on la sillonnera de quatre hélices uniformes ou progressives, tant en largeur qu'en profondeur, ayant la coupe arrondie [1].

Les rayures, quoique progressives, doivent être peu profondes au tonnerre et terminer vers la bouche à rien; elles doivent, en outre, se diviser de manière que les vides forment à peu près la moitié de la circonférence de l'âme. Le chapitre des rayures indiquera les motifs pour lesquels je me prononce en faveur des rayures citées ci-dessus.

Nous serions aussi d'avis que les canons fussent passés à la couleur, afin de leur ôter le brillant qui gène la vue par le reflet des rayons solaires, et que la courbe des hélices fût progressive, comme je l'ai signalé dans l'édition de 1852, p. 145, de mon *Traité du fusil de chasse*.

---

[1] Les raies régulières servent pour le tir de la balle sphérique et de la balle cylindro-conique creuse; au contraire, la rayure progressive est plus favorable pour les projectiles massifs ayant la forme cylindro-conique.

CHAPITRE III.

———

CULASSE.

Autrefois, la culasse était tout simplement faite avec un boulon fileté de 7 à 9 filets; celles à chambre, dont on se sert maintenant, ont un nombre de filets qui varie suivant la profondeur et la capacité du dé. Dans les anciennes culasses, le bout qui ferme l'orifice du tonnerre était le plus souvent plat; on le faisait aussi en hémisphère ou en cône plus ou moins prononcé, suivant qu'on espérait en obtenir une meilleure portée. Ces deux dernières manières de creuser le dé passaient pour protéger la charge de poudre contre l'écrasement que produit le forcement de la balle; par ce forage, l'inflammation était plus régulière, tandis que la culasse plane ne protége aucunement la poudre contre le broiement occasionné par le refoulement du projectile; cause qui contribue à faire décroître considérablement la portée de l'arme.

Le nouveau mode de forcement, mis en usage par M. Delvigne, a déterminé un changement complet; les culasses à chambre ont pris le dessus; elles sont toutes créées en vue de faciliter et d'activer la charge, tout en évitant de déformer le cône et la partie postérieure de la balle, afin que son mouvement de rotation normal ne soit pas perturbé pendant son trajet à travers l'espace, seul moyen d'augmenter la portée ainsi que la précision du tir.

Le principe de la carabine Delvigne, quoique supérieur à celui des autres armes qui l'ont devancées, n'était cependant pas susceptible d'une application générale aux armes de guerre, parce qu'il raccourcit considérablement la portée, tout en conservant à l'arme une supériorité de justesse d'une haute valeur dans certains cas. Aussi, S. A. R. Monseigneur le duc d'Orléans, prévoyant l'avantage qu'on pouvait tirer de ces armes, chargea, en 1840, M. le capitaine d'artillerie Thiery, alors officier d'ordonnance du roi, de fixer les deux modèles de carabines pour les chasseurs d'Orléans, aujourd'hui chasseurs de Vincennes.

Les inconvénients de ces armes suscitèrent au colonel Ponchara l'idée de joindre à leur cartouche un sabot en bois, pour empêcher la déformation du projectile. Les résultats de cette innovation ne répondirent pas à l'attente de l'inventeur.

Les choses en étaient là, lorsque M. le colonel Thouvenin eut l'heureuse pensée de remplacer la chambre à ressaut de M. Delvigne, par la simple culasse des fusils de munition, au centre de laquelle il vissa une tige en acier, confondant son axe avec celui du tube. La longueur de cette tige pour l'armée française est de 48 millimètres, dont 10 millimètres sont engagés dans l'épaisseur de la culasse; le diamètre est de 9 millimètres; la charge de poudre se trouve répartie autour de cette tige et le centre de la partie postérieure du projectile vient se poser sur l'extrémité supérieure de la tige, qui est plate. Dans cette position, la balle reçoit un forcement régulier et convenable, ce qui empêche la déformation du cône, partie principale du mobile pour produire de grandes portées, ainsi qu'une justesse jusqu'alors inconnues.

Tous ces succès encouragèrent les recherches, et l'on vit apparaître de nombreux changements ou perfectionnements, dont nous aurons lieu de parler dans un chapitre spécial.

Le bouton, ou bouchon formant culasse dans les armes de guerre à piston, a son filet tournant de droite à gauche, afin que le choc du marteau, ou chien, ne puisse le dévisser, ce qui serait un grave défaut, sous tous les rapports, pour les armes à feu portatives militaires.

CHAPITRE IV.

CHEMINÉES.

Quelques observations relativement à la cheminée des armes de guerre ne seront point déplacées ici.

L'origine de cette pièce des armes à feu portatives percutantes, date de 1820, époque où l'arquebusier Deboubert, de Paris, inventa la capsule en cuivre. Il est dit que la capsule était connue en Amérique dès 1817; seulement, on ne fait mention ni de sa forme ni de quel métal elle était faite [1].

Nous donnons le dessin des deux modèles de cheminées employées pour les armes de guerre; il fera mieux comprendre nos observations sur cette partie de l'arme.

Le premier modèle représente une cheminée dont la base du conduit de lumière, qui est à la partie filetée, doit être assez largement forée pour rapprocher, le plus possible, la poudre du foyer incendiaire, qui est la partie plane du cône [2] servant

[1] 1818. J. Egg, armurier anglais, renferme le fulminate de l'amorce dans une alvéole de cuivre.

[2] Formant enclume.

à produire la percussion, avec le concours du marteau. A cet endroit, le conduit de lumière doit être très-étroit, sur une longueur de 2 à 3 millimètres, pour s'opposer à la fuite des gaz au moment de l'inflammation de la charge de poudre.

Le deuxième modèle est foré large à son ouverture et à sa base; il simule d'abord un entonnoir de 3 à 4 millimètres; le conduit est ensuite un cylindre creux de 2 à 3 millimètres de long, puis un cône d'environ 10 millimètres de haut.

Ce genre d'évidement contribue à augmenter la puissance de la charge, par l'abondance des gaz que le fulminate de mercure dégage dans le trou ou conduit de communication. Cette dernière cheminée nécessite l'emploi de capsules de cuivre extra-fort.

Un forage trop large du conduit de lumière peut occasionner des variations assez marquantes dans le tir des armes rayées. La charpente des cheminées de guerre doit être beaucoup plus forte que celle des armes de luxe; elles doivent, comme celles-ci, être en acier fondu et avoir une trempe très-dure à la partie conique, que l'on coiffe de la capsule à chapeau. Pour s'assurer de son efficacité, il faut se servir d'une bonne lime fine, qui ne doit l'entamer que difficilement. Si la trempe est trop faible, le cône s'affaisse sous les coups répétés du chien, inconvénient qui empêche de mettre la capsule, et qui produit des longs feux et des ratés. Au contraire, si elle est trop sèche, elle casse ordinairement au pied du cône ou à l'endroit où finit le filet de la vis, ce qui est très-désagréable et fort embarrassant. Pour prévenir cette rupture, il ne faut point tremper la partie filetée, ou, si elle l'est, il faut la faire revenir assez pour éviter la cassure; si la trempe est convenable, la cheminée fera un long et bon usage.

L'armée autrichienne a une autre manière de communiquer

le feu à ses armes portatives de guerre : l'invention en est due à M. Console [1] ; mais elle a été considérablement modifiée par le lieutenant feld-maréchal baron Augustin [2].

L'amorce de ce système est un petit tube en cuivre de 1 à 2 centimètres de long, contenant la poudre fulminante, qui communique le feu par un de ses bouts, mis en communication avec le trou de lumière du canon, qui est semblable et dans la même position que celui des fusils de munition à silex.

Les personnes qui voudraient des explications plus développées sur les cheminées, les capsules et même les autres parties de l'arme, consulteront avec fruit mon *Traité du fusil de chasse et des armes de précision*, 2ᵉ édition et suivantes, chap. IX, p. 44 et suivantes.

Note. — On a beaucoup exagéré l'influence du fulminate hydrargyrique sur le globe oculaire des soldats. D'après certains auteurs, le composé mercuriel aurait, dans les grandes batailles, non-seulement irrité la muqueuse oculaire, mais même donné lieu à des salivations longues et pénibles. Les recherches de mon ami, M. le docteur Van Swygenhoven, ont dissipé tout doute à cet égard, et démontré l'exagération manifeste de ces résultats néfastes, qui n'ont existé que dans l'imagination de certains écrivains, plus enclins à traiter des choses capables d'exciter l'étonnement, qu'à se renfermer dans les sévères limites de la vérité.

---

[1] L'invention des premières mèches fulminantes appartient à J. Manton ou au colonel Hawker, auteur d'un excellent ouvrage sur la chasse.

[2] Pour de plus amples renseignements, consulter l'ouvrage de M. le baron Palombini, intitulé : *Des armes portatives*, etc.

CHAPITRE V.

GUIDONS et VISIÈRES (hausses).

Le guidon et la visière sont les deux pièces accessoires, servant à régulariser le tir des armes de précision. Dès l'instant où l'on eut l'idée de faire entrer de force le projectile dans le canon, pour diminuer les irrégularités produites par les battements de la balle contre les parois internes du tube, on dut aussi trouver un point régulateur du plan de tir ; telle est l'origine du guidon. La pratique ayant bientôt démontré, qu'on n'avait réussi qu'à demi, les recherches continuèrent jusqu'à l'invention de la visière, espèce de lunette par où l'œil du tireur reconnaît si le guidon de l'arme se trouve bien dans le même plan de tir que le but qu'il veut frapper.

Ces deux pièces ont suivi le progrès des armes rayées, qui, sans elles, donnaient des résultats très-imparfaits malgré toute la précision que puisse d'ailleurs avoir l'arme. Tout fait supposer que c'est à l'artillerie que l'on en doit le premier usage, et que le guidon ne fut adapté aux armes à feu de main qu'en 1378, époque où toutes les grandes villes de l'Allemagne avaient des tirs à la cible, où les habitants venaient apprendre le maniement et l'exercice des armes à feu, pour devenir d'habiles tireurs.

Dès 1530, on voit des armes à feu portatives avec visière; l'usage en était déjà très-répandu en 1585; deux ans plus tard, les armes rayées avaient des hausses à trous et à coulisses. En 1600, il y avait des carabines à 16 rayures, ayant des platines à déclin; ces armes étaient munies de la hausse et du point de mire. Les mêmes pièces furent appliquées aux pistolets, en 1622. En 1689, Dilichins, décrit plusieurs espèces de hausses mobiles. En 1704, les fusils de guerre suédois avaient un guidon et un cran de visière.

Putaneus, dans un ouvrage imprimé en 1734, décrit les visières mobiles; Gribeauval, dans un voyage qu'il fait à Berlin, en 1749, rapporte de cette ville, en France, une hausse mobile faite d'une pièce percée de plusieurs trous; on la fixe à charnière sur la culasse.

Depuis ces différentes époques, les hausses et les guidons ont suivi le progrès des armes rayées. Ne pouvant m'étendre ici plus largement sur tous les modèles connus jusqu'à ce jour, j'ai fait un tableau des hausses et des guidons les plus en usage dans les divers pays.

La visière ou hausse adhère le plus souvent à une pièce plate au moyen de laquelle elle s'encastre à la surface du tonnerre, dans une entaille à queue d'aronde. Elle est presque toujours à charnière et à ressort; disposition qui lui permet de se mouvoir, soit qu'on la tienne à plat sur le canon, soit qu'on la lève pour le tir.

Le nombre des visières est infini et leur forme est très-variable. Il y a des hausses fixes, des hausses mobiles, des hausses à curseur, à feuille, à vis, à crémaillère, à trous et à plusieurs vis dont les fonctions sont de lui faire décrire des mouvements de droite à gauche et *vice versâ*, de bas en haut et de haut en bas. Nous nous arrêtons ici, car nous aurions trop à dire s'il fallait spécifier chacune des formes que peut affecter cette pièce de l'arme.

Les lecteurs qui désireraient d'ailleurs de plus amples détails, pourront consulter le tableau dont il est fait mention à la note précédente.

Les guidons sont à peu près dans le même cas; aussi ne présenterons-nous que les plus en vogue, savoir : celui à tête d'épingle, celui en demi-lune et celui en quart de cercle, dont le côté le plus élevé est tantôt en avant et tantôt en arrière. On établit parfois des guidons d'une grande délicatesse, soit à l'aide de deux fils de fer extrêmement ténus, soit autrement; mais alors on a soin de les préserver au moyen d'un petit cylindre, précaution sans laquelle ils perdent promptement leur justesse. Ce cylindre a encore l'avantage de conserver au guidon un jour régulier.

Le guidon des armes de guerre se fixe ordinairement à 5 ou 6 centimètres de la tranche de la bouche, pour laisser l'emplacement de la baïonnette libre; d'autrefois il est placé sur l'embouchoir. Celui des armes de précision est parfois mobile ; dans ce cas, il se meut au moyen d'une entaille à coulisse pratiquée dans l'épaisseur de l'étoffe métallique. M. Vieillard, excellent armurier de Paris, a fait un guidon mobile par le moyen d'une vis qui le fait mouvoir à volonté à droite ou à gauche de l'axe du canon, suivant la volonté du tireur. Ce guidon, pour amateur, est fort ingénieux et peut rendre de grands services pour la précision du tir [1].

---

[1] La hausse des armes de guerre se place ou sur la queue de culasse ou sur le tonnerre du canon dans une entaille à queue d'aronde. Quelques-

Disons maintenant un mot sur l'influence du guidon et de la visière sur le tir, tant par rapport à leur hauteur que par rapport à leur position respective sur le canon. Règle générale : l'orsqu'une arme de précision n'est point commandée d'après la connaissance particulière du tir de l'amateur, cette arme doit être établie selon toute la rigueur mathématique, abstraction faite des diverses irrégularités de l'organe visuel, de même que des mauvaises habitudes du tireur. Ce n'est que par la disposition bien ordonnée, de ces deux pièces, le guidon et la visière, qu'il est possible d'obtenir d'une arme de précision la plus grande somme de justesse possible. — Qu'une arme soit confectionnée, dressée, guidonnée et achevée avec perfection, cela n'empêchera pas l'amateur d'avoir la mauvaise habitude d'incliner son arme à gauche ou à droite ; cela ne rectifiera pas sa vue, soit qu'il aperçoive l'objet à atteindre plus haut ou plus bas qu'il ne l'est réellement, soit qu'il le voie plus à gauche ou plus à droite. Ce n'est que par la forme, la coupe et l'entende bien raisonnée du guidon et de la visière, qu'on pourra rectifier, corriger et améliorer les imperfections résultant des dispositions habituelles de l'amateur. Si la règle veut que la visière et le guidon soient toujours dans le plan vertical de l'axe du canon, il y a cependant des exceptions où l'on doit s'y soustraire, sans lesquelles toute précision du tir deviendrait impossible : 1° Si le tireur voit le but à droite, il poussera le guidon à droite, afin de laisser l'axe du canon vers la gauche, ce qui fera porter l'arme plus à gauche ; si au contraire il le voit à gauche, il guidonnera à gauche ; en agissant ainsi, l'axe du canon sera à droite du guidon, ce qui fera porter l'arme à droite ; 2° Si l'homme

unes de ces armes n'ont même qu'un cran de visière fixé sur la queue de culasse.

voit l'objet trop bas, il faudra que la visière soit haute et le guidon court; cette disposition du guidon et de la visière fera relever le coup de feu. Si, au contraire, l'objet à atteindre lui apparaît trop haut, la visière devra être basse et le guidon haut; par cette disposition l'arme portera bas; si l'arme incline à droite, on guidonnera à droite; en agissant ainsi, l'axe du canon est laissé à gauche, ce qui fait rentrer la ligne de tir dans le plan vertical. Si par opposé l'arme penche à gauche, il faudra que l'on porte le guidon sur la gauche de l'axe du canon, attendu que cette disposition de la ligne de mire fera porter l'arme à droite, seul moyen de contrebalancer la mauvaise habitude de certains tireurs. Ces observations, toutes simples qu'elles sont, peuvent seules corriger les imperfections de l'amateur, lorsqu'il s'exerce au tir. Nous ajouterons qu'il est des personnes auxquelles convient une visière à encoche, ayant la forme d'un V, et un guidon représentant une demi-lune, épais à sa base, puis allant en diminuant d'épaisseur, (Voir fig. 1 et B) tandis qu'il en est d'autres qui devront prendre de préférence une visière à encoche en demi-cercle et un guidon à tête d'épingle (Voir fig. 2 et D). On doit aussi veiller à ce que le guidon ne couvre pas en entier la fente de la visière. Sans cette précaution l'œil du tireur ne pouvant apercevoir si le guidon correspond avec le centre du but, il résulterait de cette imperfection de nombreux écarts qui ont lieu tantôt à droite, tantôt à gauche, suivant que le point de mire se trouve plus à droite ou plus à gauche du centre du but; les mêmes écarts peuvent se produire de bas en haut et de haut en bas, suivant que le tireur aura plus ou moins vu le guidon. Tels sont les résultats fâcheux du mauvais accord entre la visière et le guidon.

Enfin, nous nous permettrons de faire observer, que si dans

les corps spéciaux, armés de fusils rayés, on mettait nos principes en application, après avoir préalablement étudié le tir de chaque individu, on arriverait en peu de temps à obtenir des feux d'une justesse excessivement nuisible à l'ennemi.

Ainsi que nous venons de le démontrer, le guidon et la visière servent à déterminer et à régler les différents buts en blanc des armes à feu.

CHAPITRE VI.

DE L'UTILITÉ DES RAYURES.

Les premières armes manuelles à feu étaient d'un poids excessif ; mais à mesure que l'emploi en devint plus général, on sentit la nécessité de les alléger ; c'est ainsi que graduellement on est parvenu à faire des armes de guerre très-solides et très-légères. Espérons qu'on ne s'en tiendra pas là et qu'elles le deviendront encore davantage, sans rien altérer de leur solidité ni de leur utilité comme arme de hast.

L'Angleterre est la première puissance qui soit entrée dans cette nouvelle voie, en diminuant le calibre de ses fusils rayés ; elle regrettera de ne pas avoir agi de même pour la longueur du canon, tout en lui laissant plus de fer au tonnerre.

Les hommes de science, chargés par les différents gouvernements de l'Europe, de veiller aux perfectionnements des armes à feu, ne tardèrent pas à s'apercevoir que le vent de la balle, ou, pour mieux nous faire comprendre, le vide qui existe entre les parois internes du canon et la balle, donnait lieu à une forte déperdition de la puissance de projection de la poudre, tant parce qu'une partie des gaz s'échappait à travers l'issue béante occasionnée par la différence du diamètre de l'âme et celui de la balle, que par les battements successifs et prolongés qui, outre l'inconvénient de diminuer la portée, ont aussi celui de déterminer un mouvement de propulsion et de rotation en dehors de l'axe du canon. Pour obvier aux défauts indiqués ci-dessus, on eut l'idée de forcer la balle dans l'intérieur du canon à coups de maillet, ou avec une baguette massive ; de plus, comme il était évident que le projectile ainsi forcé, opposait une résistance infiniment plus grande à l'action des gaz avant qu'ils fussent capables de déterminer sa projection, on comprit qu'il y avait urgence de conserver à ces armes un canon très-fortement étoffé, pour résister à la pression des gaz avant que l'inertie de la balle ait cessé. Telles sont les causes qui ont fait naître la carabine.

Ce ne fut qu'en 1498, qu'on fit mention des armes rayées dans le sens de l'axe du canon : cette invention est due à Gaspard Zollner, de Vienne. Tout porte à croire que l'inventeur en munissant le canon des carabines de cannelures droites, s'était proposé, outre le but primitif, de forcer les balles à prendre la forme des raies : 1° de détruire ses battements dans l'âme du canon ; 2° de comprimer la plus grande partie possible des gaz derrière le projectile, afin d'augmenter sa portée en ne perdant rien de la force centrifuge ; 3° de loger dans les rayures, une partie des résidus charbonneux de la poudre, toutes causes de déviations, qui détruites, devaient augmenter la portée et la précision du tir en imprimant au projectile un mouvement de translation dégagé de toute entrave [1].

---

[1] Les premières rayures ont été créées en vue d'y loger la crasse de la poudre qui empêchait de pouvoir continuer la charge après un petit nombre de coups de feu.

Nous ne nous occuperons pas des causes théoriques et pratiques qui s'opposèrent à la réussite de ce mode de rayures; il nous suffira de dire qu'on fut forcé de diminuer la charge de poudre, pour ne pas encourir l'action trop violente de recul, qui serait devenue insupportable avec la charge de poudre entière, ou qui, tout au moins, se fût opposée à la justesse du tir.

La portée de ces armes était ainsi diminuée dans des proportions assez considérables, ce qui engagea vivement les hommes du métier et de la science, à chercher un moyen plus convenable pour arriver à un tir plus juste. Aussi voyons-nous en 1552, Danner de Nuremberg, perfectionner la carabine en disposant les raies en forme d'hélices autour de la paroi interne du canon, à ce que disent plusieurs historiens; il en est d'autres qui prétendent que cette modification des rayures appartient à Kotter, de la même ville où il meurt en 1630 [1]. Mais il n'en reste pas moins constant que c'est en Allemagne que la rayure a pris naissance. Si je ne m'arrêtais ici dans mes citations, je commettrais des redites qui seraient superflues, puisque ces dates sont énumérées dans la notice qui précède ce travail.

Le nombre des rayures resta longtemps soumis à la volonté de l'ouvrier ou de l'amateur qui exécutait ou faisait exécuter une ou plusieurs de ces armes. Nos pères adoptaient de préférence les nombres 7, 8, 9, ce qui ne les empêcha pas d'en avoir de 12, 16, 18 et 34; il y en eut même de 33 à 133 cannelures; elles étaient tellement ténues qu'on les nomma merveil-

---

[1] Nous pensons que M. Piobert a commis deux erreurs à la fois, en désignant l'inventeur des raies en spirales par le nom de Kotter et en indiquant 1520, comme date de sa mort.

leuses ou à cheveux. Il en fut de même pour la forme qui était aussi soumise au caprice du facteur ou de la personne pour qui ces armes étaient faites. On en voyait des plates, des carrées, des elliptiques, des anguleuses ; d'autres à colonnes, à étoiles, à rochet, des rectangulaires et des arrondies [1]. Depuis quelques années on a adopté les formes rectangulaires et celles arrondies et en même temps progressives en profondeur et en largeur; en Amérique, on a été jusqu'à rendre progressif le pas des hélices [2]. Ce n'est pas qu'autrefois on ne se soit servi de ce moyen : le tableau des différentes armes rayées qui se trouvent au Musée de Paris, que nous donnons à la fin de ce volume en fait mention. M. Prélat armurier suisse et M. le lieutenant-colonel fédéral, Ed. Burnand viennent de nous doter d'une arme qui paraît devoir faire une révolution complète en leur faveur; cette arme a pour principe la combinaison des rayures avec la chambre de la culasse.

Le nombre des rayures généralement adopté par les diverses puissances varie de 2 à 8; du reste je donnerai un tableau indiquant la construction de ces armes. La rayure progressive actuelle est d'invention française; elle est due à M. Tamisier capitaine d'artillerie, autrefois professeur à l'école de tir à Vincennes, et elle a été perfectionnée par M. le capitaine Minié aux chasseurs d'Orléans, aussi attaché à cette école comme instruc-

[1] La forme arrondie pour les rayures est la meilleure, parce qu'elle ne laisse aucune trace sur le cylindre de la balle; trace, qui pourrait entraver la marche et la rotation du mobile à travers l'espace par suite de la résistance de l'air qui n'agit plus symétriquement sur lui et le fait ainsi dévier de la ligne droite.

[2] Voir à la fin du volume le tableau rendant compte des anciennes armes rayées qui se trouvent déposées au Musée d'artillerie de Paris.

leur; tous deux ayant les capacités nécessaires pour diriger cet excellent établissement [1].

Nos ancêtres réglaient le plus souvent le pas des hélices d'après la longueur du canon, quelquefois on lui donnait un demi-tour sur la longueur, d'autrefois trois quarts de tour; il y en avait beaucoup qui lui faisaient faire un tour entier, mais presque jamais au-delà. Le tour entier était regardé comme le meilleur principe; à dire vrai, nous ne sommes pas encore complétement fixés sur la longueur du pas des hélices, quoique nous soyons parvenus à mieux ordonner les différentes branches qui se rattachent à la portée ainsi qu'à la justesse des armes rayées.

Toute personne tant soit peu initiée à l'usage de ces armes sait que les spires des raies sont destinées à imprimer au projectile au tour de son axe un mouvement uniforme ou normal de rotation pendant son mouvement de translation, afin de régulariser la précision du tir et en même temps en augmenter la portée.

En suivant dans son parcours à travers l'espace, une courbe qui n'est que la continuation des hélices tracées dans l'intérieur du canon, la balle sphérique, ainsi que les projectiles cylindro-coniques massifs ou creux, avec ou sans cannelures

---

[1] Avant que MM. Tamisier et Minié eussent inventé la rayure progressive, on faisait souvent l'intérieur du tube légèrement conique, ce qui produisait un effet à peu près analogue à cette nouvelle rayure. Les chasseurs carabiniers belges ont encore quelques-unes de ces armes.

A notre avis la rayure uniforme ou à très peu près est la plus convenable pour les balles expansives; tandis que la rayure progressive favorise considérablement le tir des balles massives, qui reçoivent leur forcement au fond de l'âme, soit par une tige ou par le ressaut de la culasse et le choc de la balle.

4.

directrices, sont moins sujets à la déviation incessante hors du plan horizontal, suite de l'attraction terrestre et de la pesanteur. Ces avantages réunis font que le système des rayures en spirales l'emporte de beaucoup sur les raies droites ou sur les canons lisses.

La rayure sera donc en hélice et de forme arrondie, c'est-à-dire à arêtes douces, de plus elle sera progressive en largeur et en profondeur; elle sera de même plus ou moins profonde ou plus ou moins tournante suivant la force de la charge, la longueur et le calibre du canon.

La progression des rayures sert à maintenir la balle parfaitement adhérente aux parois sur tout son parcours dans l'âme du tube, ce qui empêche les fuites de gaz qui pourraient la perturber pendant son trajet; en outre, elle augmente la portée tout en conservant au canon assez de force sur le devant qui est la partie la moins étoffée [1]. Comme les hélices sont peu profondes vers la bouche, le projectile reprend à peu près la forme qu'il avait avant d'y être introduit, toutes choses qui contribuent à améliorer le mouvement de translation ainsi que celui de la rotation normale.

L'expérience a démontré que plus les armes rayées sont pourvues d'un canon court et se chargeant avec moins de poudre, plus la spirale doit être tournante, et moins profonde; aussi dans le pistolet de tir qui se charge faiblement, les spires de la rayure seront plus rapprochées que dans le pistolet d'arçon; de même l'hélice sera plus tournante dans le pistolet d'arçon que dans la carabine ou le fusil rayé, attendu que ces der-

---

[1] Notre avis est que la rayure quoique progressive doit toujours être peu profonde; celle de la carabine Minié l'est même trop; c'est une des principales causes qui produisent l'arrachement de sa balle.

nières armes sont plus pesantes et plus longues et exigent une plus forte charge.

De ce que le pas, la forme et la profondeur de la spirale doivent être coordonnés à la charge de poudre, à la longueur du canon, au poids et au modèle de la balle, afin d'obtenir le plus de justesse et de portée possible, on concevra facilement qu'on ne saurait faire varier l'un de ces préceptes sans s'exposer à amoindrir le bon résultat que doit produire un accord judicieux dans leur ensemble. En conséquence : 1° si avec une arme rayée on faisait usage d'une charge trop considérable, les gaz au moment de leur dilatation déplaceraient le mobile avec une violence telle que celui-ci se déchirerait en passant au-dessus des rayures, au lieu de suivre leur courbe, ce qui annihilerait complétement les avantages qu'on a droit d'attendre d'une arme bien ordonnée ; à notre avis la charge de poudre qui pourrait brûler progressivement jusqu'à ce que le projectile soit hors du canon, serait selon nous la charge qui produirait le *maximum* de portée et de justesse ; 2° en employant une charge trop faible, la balle arrêtée déjà dans son mouvement de translation par l'action des rayures ne jouirait plus que d'un restant de force d'impulsion trop minime pour avoir suffisamment de portée et de pénétration ; 3° lorsqu'une arme est destinée à ne supporter que de faibles charges, si la spirale n'est pas assez tournante, la course de la balle étant dans ce cas lente, par le fait même de la faiblesse de la charge, il arrivera que dans son mouvement de rotation la balle restera davantage exposée à l'action en sens presque diamétralement opposé de l'air ambiant, de sorte que le coup de feu perdra beaucoup de sa force. Or, puisque d'un côté le forcement du projectile augmente sa portée ainsi que sa pénétration, que de l'autre on ne peut se dissimuler que dans les armes destinées à de faibles charges de poudre, la résistance que l'inclinaison et la profondeur des raies opposent à ce jet de la balle, neutralise les avantages mentionnés ci-dessus, on a donc été naturellement conduit à rechercher un projectile qui, par sa construction et son poids, fût susceptible de vaincre mieux la résistance de l'air : telle a été l'origine des balles allongées, pour lesquelles nous avons fait un chapitre particulier.

La profondeur et la forme des rayures doivent être réglées de manière que la surface du projectile soit à peine entamée ; s'il en était autrement il se formerait des saillies sur le cylindre de la balle qui la gênerait dans ses mouvements de rotation et de translation, ce qui nuirait à sa bonne direction ainsi qu'à sa portée; en outre dans les fusils rayés elles auraient le grave inconvénient par leur profondeur d'affaiblir le canon vers la bouche; la charge deviendrait plus difficile et plus lente à exécuter.

Quand le tireur fait feu, l'arme appuyée contre l'épaule droite, la pression du doigt sur la détente détermine un mouvement de déviation à droite ; quand il fait feu l'arme appuyée à gauche, la déviation a lieu de ce côté; le chien en frappant sur la capsule occasionne aussi l'un ou l'autre mouvement de déviation surtout si le grand ressort est très-vigoureux. Or l'observation des phénomènes résultant de l'action du refoulement de l'air par le projectile, a démontré que la rayure qui prend sa courbe de droite à gauche détermine une légère dérivation du projectile vers la gauche; si au contraire sa courbe a lieu de gauche à droite la dérivation se fait vers la droite; avec la balle cylindro-conique à cannelures directrices, cette dérivation n'est guère appréciable qu'à 300 mètres, à la distance de 200, elle est négligeable [1]; si la spirale

[1] École de tir de Saint-Omer.

tourne de haut en bas, le projectile baisse et si elle marche de bas en haut la balle remonte. Par conséquent, si on oppose l'une à l'autre en sens contraire, les déviations provenant du fait du tireur et celles déterminées par la courbure des raies, on neutralisera sensiblement leurs effets respectifs. Pour parler plus clairement : il faut que le droitier fasse usage d'une arme dont la spirale se déroule de droite à gauche, le gaucher d'une arme qui se déroule de gauche à droite ; le tireur qui laisse incliner son arme vers le sol en tirant devra exiger qu'elle soit rayée de bas en haut : et enfin celui qui la relève, exigera qu'elle soit rayée de haut en bas.

Nous disons donc que la rayure du canon des armes de précision sera toujours disposée de manière que la spirale fasse prendre au projectile un mouvement de dérivation opposée à celui que le tireur imprime à son arme au moment où le doigt fait sa pression sur la détente.

Les commissions d'artillerie indiquent pour les armes de guerre les chiffres impairs ; à cela nous nous permettrons de répondre que faisant environ depuis vingt-cinq années usage de 4 raies pour la majeure partie de nos armes rayées de chasse et de guerre, nous n'avons qu'à nous louer des résultats que nous avons obtenus.

Voici les considérations sur lesquelles repose notre principe :

L'équilibre étant une des premières conditions de la réussite en toutes choses, j'en ai déduit que deux rayures, surtout lorsqu'il n'y a pas égalité entre les pleins et les vides, étaient insuffisantes pour empêcher les oscillations du projectile pendant son parcours dans le canon ainsi qu'à travers l'espace. Trois sont sensiblement meilleures, mais n'offrent encore qu'un équilibre imparfait et produisent aussi des frottements oscillatoires contre la paroi du canon, oscillations qui entravent la régularité du mouvement de translation et de rotation. Dans certains cas ce nombre est insuffisant pour empêcher le projectile de passer au-dessus. Examinons maintenant quatre raies et nous verrons que le projectile se trouve régulièrement et solidement enchassé dans les quatre hélices de manière que sa course ne peut être perturbée pendant l'action de propulsion et de rotation. En dépassant ce dernier nombre de raies on augmente les frottements du projectile, ce qui diminue sa portée et peut occasionner de nombreuses déchirures en même temps qu'il accroît les issues par où les gaz tendent à s'échapper ; tels sont les motifs qui nous ont fait adopter quatre raies en spirales.

Les inconvénients de la rayure des nouvelles armes anglaises, prouvent déjà que notre méthode est plus certaine et qu'il ne faut jamais compter sans les suites des produits charbonneux qui s'attachent aux parois du canon ; seuls, ils suffiraient pour détruire la grande précision des armes rayées. Ces mêmes commissions prescrivent aussi d'affecter aux vides et aux pleins, une égale portion de la paroi interne du canon. D'après notre méthode de rayer, nous avons toujours conservé beaucoup plus de surface unie que de surface concave, et nous n'avons point encore reconnu la grande nécessité de changer notre système. Cependant avouons qu'une étude plus approfondie de la question nous a conduit à reconnaître qu'il y a avantage à suivre les observations des commissions d'artillerie pour ce qui regarde cette dernière recommandation.

Les coupes de rayures les plus en usage pour les armes de guerre actuelles, sont la rectangulaire et la coupe arrondie, surtout cette dernière, parce qu'elle s'use moins et que le projectile est peu attaqué par elles. Le pas des hélices varie de 1^m 50 à 6 mètres pour le tour. Il est même des armuriers qui la rendent encore plus tournante, ce que nous croyons vicieux, attendu qu'il doit y avoir corrélation entre le mouvement de translation et celui de rotation, corrélation sans laquelle le projectile est perturbé dans sa course.

Il s'élève souvent des discussions sur la différence qui existe entre la portée des canons rayés et celle des canons lisses ; jetons un peu de lumière sur cette question.

Lorsqu'on tire avec la carabine, si la charge de poudre brûle jusqu'à ce que le mobile soit hors du canon, la portée est plus forte que celle du fusil à canon lisse, surtout si, préalablement, on a eu soin de bien graisser, soit l'enveloppe de la cartouche, soit le calepin qui entoure le mobile ou la balle elle-même lorsqu'elle est mise à nu sur la poudre. Mais la portée sera amoindrie, si la charge de poudre est entièrement comburée avant que le projectile soit hors du tube, par la résistance et les frottements qu'il rencontre de la part des hélices. Elle deviendra encore plus courte, si le mobile n'est pas suffisamment graissé, ou ses enveloppes de quelle nature qu'elles soient. La déformation de sa partie antérieure y concourra aussi, si elle a perdu sa sphéricité ou sa forme antérieure, si c'est un projectile conique, parce qu'elle présentera une plus grande surface à la prise d'air, toutes choses qui contribuent à rendre sa portée inférieure à celle du fusil ordinaire.

Nous ne parlerons pas de l'égalité des charges de poudre : cette égalité ne peut s'étendre à des armes différentes, (elle est forcément adoptée pour les armes de guerre) sans qu'on s'expose à de graves inconvénients, dont le moindre serait de ne pouvoir résister à la répulsion du coup de feu. Il y aurait évidemment bris de l'une ou l'autre pièce, à moins que le canon lui-même ne vole en éclats.

Telles sont les principales causes qui concourent à produire la divergence de portée dans les armes rayées, bien entendu que ce que nous venons de relater n'est imputable qu'à la balle sphérique. Quant à la balle cylindro-conique, sa supériorité de portée, avec les armes rayées en spirales, ne laisse aucun doute. Jusqu'à présent, on n'a pas encore pu régulariser le mouvement de translation de cette balle dans les canons lisses, ce mouvement reste et restera probablement toujours désordonné. Nos expériences avec la balle bourre ont été très-favorables avec l'arme à canon lisse, mais ne sont pas encore à beaucoup près comparables aux armes rayées. Plus les hélices seront tournantes, ou pour mieux dire, plus le pas sera établi sur une courte échelle, plus les frottements du mobile seront forts et par conséquent plus l'action répulsive grandira. Plus la dérivation deviendra forte plus vite l'arme sera mise hors de service. Si les rayures sont taillées au pas de 2 mètres ou $2^m,50$, le projectile fera dans sa course autant de révolutions entières en spirale, qu'il sera contenu de fois 2 mètres ou $2^m,50$, pour arriver au but; le même mouvement a lieu pendant toute la course du mobile. Voilà le motif pour lequel on lui donne le nom de rotation normale. Cependant qu'on ne croie pas que cette donnée soit parfaitement exacte, car il y a deux causes qui s'y opposent : 1° La vitessse de translation qui est variable ; 2° La vitesse de rotation qui est soumise aussi au plus ou moins de diamètre du projectile. La balle peut bien être déviée dans sa course par l'une ou l'autre cause, mais la rotation en spirale n'en continue pas moins.

Il n'en sera plus de même si le projectile, par trop de violence de la charge, ou par toute autre cause quelconque, vient à passer au-dessus des raies; dans ce cas, il est soumis aux mêmes variations que s'il était lancé dans un canon à âme lisse, où la rotation est soumise à la position qu'il occupe sur la charge de poudre, ainsi qu'au dernier battement à sa sortie du tube, battement qui lui imprime un mouvement de rotation soit de bas en haut, c'est-à-dire de dessous en dessus, si c'est la paroi supérieure qui a été choquée en dernier lieu, soit de haut en bas si c'est la paroi inférieure qui a reçu le dernier choc. Si le projectile frappait la paroi de droite, la rotation s'effectuerait de gauche à droite, et s'il touchait le côté gauche du tube, la rotation du mobile s'opérerait de droite à gauche.

Voilà, en peu de mots, une partie des causes qui produisent l'irrégularité du tir des armes à canon lisse, et qui établissent en même temps la grande rectitude des armes rayées en spirales, lorsqu'on tire aux grandes distances, surtout lorsque le pas est bien ordonné, d'après la longueur du canon, la forme et le poids de la balle ainsi que la puissance de projection de la charge de poudre.

CHAPITRE VII.

PLATINE.

Les limites de cette brochure ne nous permettant pas de rapporter tous les perfectionnements et les transformations de cette partie de l'arme, nous nous contenterons de relater dans ce chapitre, les faits les plus saillants y relatifs.

Dès leur origine, les armes à feu portatives n'avaient pas de platine. On était obligé, pour s'en servir, de tenir constamment en main une mèche allumée destinée à y mettre le feu.

Ce n'est que vers 1378, que l'on connut l'arquebuse à mèche. En 1477, on voyait déjà de ces armes munies d'un couvre-bassinet et d'un chien à mèche. En 1496, il y avait des serpentines à serpentin mobile pour enrouler la mèche. On voit au musée des armures de Paris, une arme allemande de 1597 ayant une platine à double détente. C'est par erreur que dans mon *Traité du fusil de chasse*, j'ai attribué cette invention à Kuckenreuter, célèbre arquebusier de Ratisbonne; il est vrai qu'il la perfectionna, mais il ne paraît pas douteux que cette invention ne soit encore due à l'Allemagne, si féconde d'ailleurs en perfectionnements de toute espèce. Le même musée possède un mousqueton de 1504, ayant déjà une platine à rouet, la marque de cette arme n'existant que sur le canon ; nous restons convaincus que c'est bien en 1517 que l'invention de cette platine eut lieu dans la ville de Nuremberg, si renommée par son industrie. Ce fut aussi cette année, que la platine Miquelet fut inventée en Espagne. — En 1540, on applique à la platine à rouet, un mécanisme de sûreté pour empêcher les décharges spontanées. On voit également au musée d'artillerie de Paris, un mousquet à platine à double effet, c'est-à-dire pouvant fonctionner par la mèche et par le rouet, suivant que la nécessité s'en faisait sentir. — Dès l'année 1585, il y avait des platines à mèche où le bassinet et le chien jouaient un égal rôle ; il y en avait aussi dont le bassinet se relevait lorsque le chien s'abaissait.

En 1587, Jean Dujardin reçoit de Venise, une pension pour avoir perfectionné la platine à rouet.

Il est fait mention d'un pistolet écossais à pierre, dès 1598. Néanmoins cette invention qui est attribuée aux Français par les uns et aux Italiens par les autres ne fut véritablement mise en usage par les Français qu'en 1630 ; le pied du chien formait noix comme cela se pratique dans la plupart des pistolets de poche d'aujourd'hui.

En 1632, Gaspard Recknagel, de Nuremberg, perfectionne la platine à rouet.

On voit, en 1666, des platines à double système, pouvant produire également le feu par le silex ou la mèche.

En 1680, la platine à pierre devient d'un usage général en France. Les Français sont battus en 1892 par les alliés à la bataille de Steinkerque, parce que ces derniers étaient armés de fusils à pierre, et que les Français avaient à peine un tiers des leurs établis d'après ce système, le reste n'avaient que des piques. A cette même époque, les Turcs avaient déjà le fusil à silex.

Dès 1700, la cavalerie suédoise est généralement munie de la platine à pierre.

La France fait en 1722, des essais avec des platines identiques; ils sont infructueux et onéreux au pays.

1807. Révolution complète dans les armes à feu portatives par suite de l'adoption de la nouvelle platine percutante à poudre muriatique, (Chlorate de potasse). Cette platine fut inventée en Angleterre par un Écossais du nom de Forsyth. Il dépensa environ 250,000 francs pour la propager. On fit aussi, mais beaucoup plus tard, dans le même pays la platine à mèche fulminante. Cette platine est due au célèbre arquebusier J. Manton, ou au colonel Hawker de Londres. Le fusil de l'armée autrichienne est une modification de ce système.

A partir de 1811, on vit aussi en France et en Belgique, une platine à double effet due à Deboubert de Paris; cette pièce permettait de se servir du silex ou de la percussion suivant la nécessité, de sorte que si les amorces fulminantes venaient à manquer on se servait de la pierre.

Nous ne suivrons pas les divers changements et améliorations que cette pièce de l'arme à subis dans ces derniers temps. Ils sont trop nombreux et trop récents pour en parler ici; seulement nous nous contenterons de mentionner que, depuis 1825, il s'est aussi fait beaucoup de platines de guerre amorçant l'arme par le seul mouvement d'amener le chien au cran du bandé. Mais jusqu'à ce jour, aucune de ces pièces quoique ingénieuses n'a pu remplir convenablement le but que les inventeurs s'en étaient promis. Les causes en sont dues à l'écrasement ou refoulement de la partie supérieure de la cheminée, ou aux résidus charbonneux qui s'échappent par l'ouverture du piston, ou encore par les bavures ou quelques corps étrangers qui restent attachés aux capsules, etc. Cependant le système d'amorçoir de MM. Beltranni et Bonnetti [1] de Turin (Piémont), semble éviter tous ces désagréments, seulement le système tel qu'il est demande des améliorations comme solidité; sauf cela je pense que ces Messieurs ont à peu près atteint le but du véritable amorçoir à magasin; mais il y a nécessité à obvier aux dérangements du mécanisme, qui du reste est fort simple et bien combiné.

Passons maintenant aux détails nécessaires pour établir convenablement la platine des armes de guerre. De sa construction plus ou moins bien entendue dépend souvent le plus ou moins de précision qu'on obtient de l'arme rayée.

Son mécanisme doit avant tout être simple, mais disposé avec soin, afin d'éviter les secousses ou les saccades que le militaire pourrait ressentir en tirant.

Toutes les pièces des armes de guerre doivent être en acier, sauf la bride de noix et le corps de platine qui seront en fer trempé au paquet. La bride peut aussi être en acier; dans ce cas sa trempe sera la même que celle des ressorts.

Le grand ressort sera vigoureux; il puisera sa force dans le plus ou moins d'écartement de ses deux branches plutôt que dans l'épaisseur de la matière. La noix sera à volant, pour lui conserver un mouvement régulier et éviter les secousses. Les portées ou pivots qui se trouvent sur l'arbre, doivent avoir de $1/2$ à $3/4$ de millimètre de hauteur, afin que la noix fonctionne librement entre la bride et le corps, malgré la crasse. — La

---

[1] La construction de la platine de ces Messieurs est fort simple, seulement ils doivent donner un peu plus de vigueur au grand ressort.

chainette elle-même doit avoir des portées, pour éviter les frottements qui auraient lieu lorsqu'elle vient se placer dans son encastrement [1], le chien étant amené au cran du bandé, elle doit en outre se relier à la branche de la noix, soit par une vis ou des pivots. Elle doit fonctionner d'aplomb sur ses pivots, ou sur la vis, précaution sans laquelle son mouvement pendant le décoché et le bandé, produirait des frottements contre la branche de la noix, ce qui nuirait beaucoup à l'ensemble du jeu de la platine. Les trous des vis de la bride de noix et du corps de platine doivent être forés parfaitement droits et en face les uns des autres.

Les portées de la gachette doivent avoir la même élévation que celles de la noix. La force du petit ressort doit être combinée de manière à éviter tout frottement du bec de gachette sur le rond de la noix, lorsqu'on amène le chien à l'un ou l'autre des crans de la noix [2].

Les causes qui nous constituent l'ennemi de la platine en arrière ou dans la poignée, sont :

1° Parce qu'elle diminue la force du bois dans sa partie la plus faible, et qu'on ne peut donner à la poignée un dégagement convenable et conforme à la main, sans que la monture en soit affaiblie;

2° Parce que ces platines ont moins de durée que celles qui travaillent en avant, et qu'elles sont plus assujetties à des détériorations.

La valeur de plus d'une armée a bien souvent été trahie, par

---

[1] A Saint-Étienne il s'est fait des platines où l'on avait supprimé le logement de la chainette, ce qui me paraît très-rationel.

[2] Son utilité étant seulement de faire engager le bec de gachette dans les crans de la noix et de l'y maintenir.

le mauvais état de la platine des fusils dont ses soldats étaient armés. Le jeu en était sec, raide et dur. Pour obtenir le départ du coup de feu, il faut une pression très-forte sur la détente, pression qui influe de la manière la plus défavorable sur la justesse du tir, par la secousse qu'elle communique au bras, à l'épaule, et par suite à l'arme. Comment veut-on qu'avec un pareil instrument, on obtienne, dans l'agitation du combat, les résultats que pourraient à peine donner les armes les mieux établies! Voilà pourquoi avec le fusil à silex, les 99 p. c. des coups de feu, ont été tirés à terre ou en l'air. Que les comités d'artillerie de tous les pays, qui se composent de savants d'un ordre élevé, il est vrai, mais non de praticiens versés dans la connaissance des effets de l'arme portative, veuillent bien se pénétrer de cette vérité : c'est que le liant, la souplesse et le mœlleux de la platine, sont à la guerre, d'une importance incalculable, et que ces qualités, loin de nuire à la solidité de l'arme, comme ils le jugent à tort, contribuent à sa conservation, facilitent son entretien, et lui assurent une durée que n'auront jamais les armes à mouvements pleins de raideur et de frottements. Et alors, seulement alors, ils comprendront pourquoi le feu des lignes anglaises a toujours été si meurtrier.

La double détente pour des compagnies de tireurs choisis, serait d'un excellent effet, lorsque ces hommes seront obligés de faire la guerre de tirailleurs, surtout dans les embuscades ou retranchements. Là seulement, nous admettrions l'usage de la double détente, bien entendu pour les corps d'élite de tireurs choisis, et expérimentés dans l'art du tir des armes de précision.

CHAPITRE VIII.

BAGUETTE.

En 1477, on adapte la baguette en bois, aux fusils. Cette invention est attribuée à Mochetto, de Velletri, dès 1525. C'est sans doute de l'emploi général qu'on a voulu parler.

1698. S. A. S. le prince Léopold de Dessau adopte pour le fusil de guerre prussien, la baguette en fer qu'il donne aux grenadiers de son régiment. Mais l'usage n'en devint général qu'en 1730. Les premières baguettes de cette espèce étaient divisées en plusieurs pièces, que l'on assemblait à vis.

1703. Le roi de Prusse, Frédéric-Guillaume, apprend à ses soldats à tirer 6 coups par minute, méthode basée sur la manière de bourrer l'arme.

1740. Les Suédois adoptent la baguette en fer.

1741. Elle était encore en bois chez les Autrichiens.

1745. Le maréchal de Saxe veut supprimer la baguette en faisant adopter un fusil dans lequel la balle entre librement et se trouve fixée au fond de l'âme par un ressort.

1757. Le général Rerninsgs invente, à Gotha, une baguette

de fusil, terminée par une pointe de 15 pouces de longueur, à trois pans, devant remplacer la baïonnette.

1763. La France possède des baguettes d'acier à têtes en poire. Elle en a même à tête de clou.

1774. En Prusse, S. A. R. le prince de Brunswick adopte les baguettes cylindriques pour éviter de les retourner pendant la charge. Plus tard, dans la Hesse, Huttenius fait prévaloir une modification par laquelle, en les amincissant vers le milieu, elles se trouvent terminées vers les deux extrémités par des boutons tronc-coniques.

Vers 1779, Lasey propose pour l'armée autrichienne les baguettes-baïonnettes.

1789. Les Danois ont des baguettes-baïonnettes.

Les fusils de munition et une partie des anciennes carabines étaient munis d'une baguette dont la tête était plate ou convexe, ce qui avait le grave défaut de déformer la partie antérieure de la balle en l'aplatissant ou en la rendant concave dans cette partie, inconvénients qui gênent le mouvement de translation et diminuent la portée de l'arme. Il n'en est plus de même aujourd'hui pour les nouvelles armes rayées. Les têtes de baguette sont forées d'après la forme antérieure du projectile.

L'emploi des projectiles allongés dans ces derniers temps a nécessité de modifier la tête de baguette, en lui donnant la forme cylindrique allongée de manière à pouvoir y pratiquer un creux semblable à celui de la partie antérieure de la balle. Souvent ce cylindre est garni au milieu d'un cercle en cuivre destiné à protéger les parois internes du tube. La baguette de la carabine fédérale suisse est cylindrique, sa tête est plate et circulaire ; de plus, elle a un ressaut qui se trouve à 74 millimètres de la tête. Ce ressaut a pour office de protéger le cône de la balle contre la déformation qui pourrait survenir pendant la charge. Le bout de la baguette qui coiffe le cône est un cylindre en cuivre de la longueur de 52 millimètres, creusé de manière à emboîter la partie antérieure du projectile, pour éviter sa déformation. Le creux se continue par un trou cylindrique fileté, pour y appliquer à volonté le tire-balle ou le lavoir.

Tels sont, en résumé, les changements que la baguette a subis dans ces derniers temps.

CHAPITRE IX.

—

BAIONNETTE.

Il nous serait facile d'écrire un chapitre détaillé sur le rôle que la baïonnette a joué dans les brillants combats et les épisodes meurtriers de ces derniers temps. Notre but est plus modeste : donner au lecteur quelques dates qui lui fassent connaître l'origine et les transformations qu'a subies de nos jours cette pièce importante des armes rayées, tel est notre but.

Dès 1575, on donnait le nom de baïonnette aux poignards de cette époque.

En 1640 ou 1641, on fabrique des baïonnettes à Bayonne, la lame de ces premières est à deux tranchants ayant un pied de long sur un pouce de large. Voici une petite anecdote relative à l'invention de cette arme, elle est puisée dans l'ouvrage de M. Becherelle ainsi intitulé : *Esquisses et croquis militaires*, 1852.

« Il existe dans les Pyrénées un point nommé la *Baïonnette*, c'est là, suivant une tradition locale, qu'à été inventée l'arme de guerre de ce nom, et voici dans quelle circonstance : des paysans basques et des contrebandiers espagnols se livraient un combat acharné; les Basques ayant épuisé leurs munitions et ne pouvant répondre au feu de leurs ennemis, imaginèrent d'attacher leurs couteaux à la pointe de leurs mousquets, et, ainsi armés, ils s'élancèrent sur eux et les mirent en déroute. » La baïonnette était inventée.

1647. La baïonnette est adoptée dans les Pays-Bas.

Les premières ont des manches en bois, que l'on introduit dans le canon, pour les fixer sur le fusil. On prétend que les Hollandais les ont vues pour la première fois parmi les Malais. Dans l'origine, cette arme ne se donnait qu'à quelques soldats détachés, et cela en guise de sabre.

1666. Il y avait des fusils rayés pour la chasse portant une baïonnette à charnière, afin de la replier le long du canon soit dessous ou sur les côtés.

1670. L'armée française a seulement quatre hommes par compagnie, armés de la baïonnette.

1671. Création en France d'un régiment de fusiliers, dont tous les hommes sont armés du fusil à baïonnette.

La baïonnette à douille, que l'on dit être inventée par le général anglais Mackay, en 1694, paraît au contraire l'avoir été de 1670 à 1680 par un Anglais du nom de Russel. (Voir le *Journal militaire anglais*, rédigé par le capitaine Pigote.)

1676. Emploi général de la baïonnette, dans l'armée française.

1681. En France, premier essai des feux avec la baïonnette au bout du fusil. Les résultats sont défavorables. Les baïonnettes avaient un pied et demi de long, elles étaient triangulaires et à gouttière.

1692. Les Suédois adoptent la baïonnette en forme de lame de sabre, et les Français celle à douille.

Ce fut à la même époque que ces derniers s'en servirent pour la première fois à la bataille de Turin. Mais la bataille de Spire, en 1703 [1], fut la première qui vit exécuter une charge à la baïonnette.

1693. Les Anglais adoptent la baïonnette à douille.

1706. Les Suédois font usage de la baïonnette, au passage du Niémen.

1710. Les sous-officiers français reçoivent le fusil à baïonnette, en place de la pique.

1741. Tous les rangs de l'infanterie prussienne conservent la baïonnette au bout du fusil, pendant le feu.

1763. En France on a la baïonnette à virole.

Dans ces derniers temps, on a généralisé la baïonnette sabre Celle des chasseurs de Vincennes, a la forme du yatagan des Arabes.

Celle des autres pays est droite avec ou sans gouttière. Ce genre de baïonnette se fixe sur l'arme d'une toute autre manière, le dos de la poignée qui est à rainure, s'engage sur une pièce en fer, qui se trouve sur le côté droit du canon, et le derrière de la garde, qui forme anneau s'engage sur le canon. Elle est retenue dans cette position, par un ressort qui se trouve au talon de la poignée. Pour terminer ce chapitre qu'on nous permette de rappeler ici une citation de l'intrépide et fougueux Suwarow, ce lion du Nord. La balle dans son temps disait-il est folle, la baïonnette seule est sage. Bien parlé vaillant capitaine, mais de votre temps les armes étaient à silex et à canon lisse. Aujourd'hui elles sont rayées et contiennent la foudre dans cet imperceptible dé que l'on nomme capsule! Avec elle, la balle ne connaît presque plus de distance et elle va frapper le

[1] Bataille gagnée par Tallard sur les Impériaux.

but, comme si le doigt le lui montrait. La baïonnette d'ailleurs n'atteint que corps à corps. C'est son grand avantage, mais aussi c'est son inconvénient.

CHAPITRE X.

DES PROJECTILES.

Avant d'entamer le chapitre des projectiles, dont l'étude ne présente pas moins d'utilité que celle des rayures et n'est pas moins ardue, je me suis attaché à faire des recherches sur l'origine et les progrès que cette science a faits jusqu'à nos jours. Les nombreux ouvrages que j'ai consultés à ce sujet, m'ont démontré que les anciens s'en étaient sérieusement occupés, et que plusieurs d'entre eux, l'avaient définie avec beaucoup de lucidité.

Ceci posé, donnons en peu de mots quelques dates et les règles nécessaires pour arriver aux meilleurs résultats possibles pour la confection et la construction des différentes balles.

L'histoire nous rapporte que c'est en 1249, chez le peuple Égyptien que les premiers projectiles allongés furent employés ; ils affectaient la forme d'une fusée.

L'on assure même qu'avant cette époque, on avait lancé des flèches avec des armes à feu.

Le premier emploi des projectiles en plomb remonte à 1365,

époque où le duc de Brunswick, attaqué dans Eimbeck par le duc de Meissen, se défend avec des armes à feu et des balles de plomb.

Dès le xv° siècle, l'artillerie fit des essais de projectiles oblongs. Ces expériences se sont continuées jusqu'à nos jours avec des alternatives diverses qu'il nous suffira d'indiquer ici par quelques dates.

En 1593, on se sert, avec les pistolets, de projectiles empoisonnés et de balles à pointe d'acier, pour les rendre plus meurtrières.

1725. — Le marquis de Santa-Cruz nous dit, (L. XI, p. 197, v. de ses mémoires), que la balle à cordon, pour le service de la carabine d'infanterie, lui ayant été proposée par un officier espagnol, il la recommanda chaudement au roi d'Espagne, à cause des propriétés qu'il avait eu occasion de lui reconnaître, savoir : 1° Rapidité de la charge ; 2° Diminution de frottements contre les parois du canon ; 3° Augmentation de justesse et de portée, comparativement à celles de la balle sphérique tirée dans le fusil ordinaire.

1729. — Lautmann avance (mémoire de Saint Pétersbourg) qu'il est très-avantageux d'employer les balles elliptiques, ayant une cavité à l'arrière, parce que l'air en s'y précipitant, accroît d'autant la force propulsive. Selon lui, ces balles jouissent d'une force de percussion remarquable, surtout quand on fait usage de canons rayés et qu'on y fait pénétrer le projectile à coups de maillet.

1741. — L'armée française fait usage de balles explosives, avec le fusil obusier.

1761. — A la suite de quelques expériences concluantes, Robins, conseille l'emploi des balles allongées.

1770. — Essais de balles oblongues, à Metz et à la Fère.

De 1793 à 1801, on fait des expériences de projectiles allongés, à Paris.

1779. — Essais faits à la Fère, sur des projectiles cylindriques concaves à la partie postérieure, auxquels on attribue plus de justesse qu'à ceux de forme sphérique.

1791. — On fabrique à Berlin, des carabines à projectile quadrangulaire.

1800. — On propose, en France, une balle cylindrique à surface antérieure convexe.

1805. — Staudenmayer, armurier allemand, de résidence en Angleterre, crut devoir adopter la balle oblongue, pour les armes à feu rayées, ainsi que pour les fusils à vent. Il recommande également la balle sphérique à cordon, c'est-à-dire portant une bande en relief sur sa périphérie.

1815. — Il est fait en Russie des essais de projectiles elliptiques en fer.

1822. — Millar fait des essais de projectiles rayés en hélices.

1824. — Dans leur guerre contre les Anglais, les Birmans emploient des balles allongées. Ils se procuraient ces projectiles au moyen du procédé suivant : ils enfonçaient l'index dans le canon du fusil, remarquaient la hauteur à laquelle atteignait la tranche de la bouche, puis, plongeant le doigt à la même hauteur, à diverses reprises, dans un pâté d'argile, ils se construisaient ainsi autant de moules à balles.

1825. — On fait en Angleterre des essais de balles oblongues.

1828. — Bosvel prétend avoir obtenu de bons résultats d'une balle portant un bout de laiton implanté en saillie dans la fonte, cette disposition empêchant, selon lui, le projectile de tourner dans le canon. Il vante aussi les balles terminées en cône à la partie antérieure, et celles présentant quatre ailettes à l'arrière.

1828, 1829 et 1833. — On fait en France de nouveaux essais de balles ogivales.

1829. — Les mémoires de l'Académie de Saint Petersbourg parlent de tirer des balles elliptiques avec cavité postérieure.

M. Delvigne, officier français, propose une balle cylindro-conique creuse.

1830. — Il propose l'emploi des balles explosives. — La même année, Norton, en Angleterre, propose également des balles explosives ; le centre de ces balles est cylindrique et les deux extrémités sont en hémisphères ayant des hélices semblables à celles de l'arme à laquelle on les destine.

1834. — Greener fit en Angleterre des essais de balles elliptiques à culots métalliques.

1838. — Balles conoïdes de M. le commandant Thiroux, dont la partie antérieure est en plomb ou en fer, et la partie postérieure en bois. Balle cylindro-sphérique creuse, proposée par M. de Blois.

1841. — M. Delvigne prend un brevet pour une balle oblongue, forée à l'arrière, ce qui dispense de forcer la balle par le refoulement, les gaz développés dans la partie creuse tendant à produire naturellement le forcement du projectile, ou son expansion. Cette même année, le chef d'escadron Thiéry propose sa balle formée d'un cylindre terminé antérieurement par une demi-sphère et dont la partie postérieure était évidée pour y mettre la capsule-amorce.

1842. — Ce fut cette année qu'on commença à s'occuper sérieusement en France des balles cylindro-ogivales.

1844. — Balle cylindro-conique à gorge de M. le capitaine Minié.

1844. — M. Nessler, sous-lieutenant de chasseurs à pied, propose la balle à clou, afin de régulariser le mouvement de rotation des balles sphériques dans les canons à âme lisse. Les résultats produits par cette balle furent bons jusqu'à quatre et cinq mètres, au-delà la tige devenait nuisible par l'excentricité qu'elle donnait au mouvement de la balle, que l'on peut comparer à celui d'une toupie qui touche à sa fin.

Après cette balle vient celle proposée par M. Morel, officier de Marine; ce projectile se rapproche de la balle à clou citée ci-dessus, mais elle est munie de stries sur sa partie postérieure. M. le chef d'escadron Delorme-Duquesney a aussi fait expérimenter à Vincennes des balles rotatives de plusieurs espèces pour être tirées dans des canons lisses; elles étaient munies de raies en hélices, tantôt sur le cylindre tantôt sur la partie ogivale de la balle.

1849.—Balle à culot de M. Minié. Cette balle donna naissance à la balle creuse de M. Faucompré, officier français, et à la balle creuse et à noyau de l'infanterie belge [1] de M. Charrin, ainsi qu'à une infinité d'autres du même système. (Voir le tableau des projectiles à la fin de ce volume.)

1854. — Balle creuse sans culot par le commandant Minié, elle est adoptée pour la garde impériale.

Balle de M. le lieutenant Lorens adoptée pour l'armée autrichienne; cette balle se force par la violence des gaz sur sa partie postérieure.

Nous voyons encore en Prusse et dans le royaume des Deux-Siciles, la balle à culot de M. le commandant Minié avec quelques modifications à la partie conique, la Minié des Anglais avec le culot en bois n'ayant pas de cannelures sur le cylindre.

La balle Prélat de forme cylindro-conique avec une gorge vers le milieu de la partie cylindrique et une cavité peu profonde à

---

[1] Qui est la fusion des balles de MM. Peeters et Charrin.

la partie postérieure, enfin la balle du lieutenant-colonel Sir John Jacob, de l'artillerie anglaise aux Indes, ayant la forme cylindro-conique, et quatre côtes longitudinales sur le cylindre pour s'engager dans les quatre raies de sa carabine ; la partie postérieure de cette balle ressemble à celle de M. Vieillard qui figure à notre tableau des nouveaux projectiles. Cette balle est peu ou pour mieux dire n'est pas pratique pour la guerre, mais elle donne des résultats d'une haute valeur dans certains cas, vu que l'arme avec laquelle on s'en sert est la même que les autres armes de guerre, et qu'on peut fort bien y appliquer la cartouche de guerre actuelle avec les balles cylindro-coniques creuses ou massives.

Enfin, ce fut vers la fin du XVIIe siècle, que l'on fit usage de projectiles allongés, pour tirer le mousquet à Trague. Il y en avait à tête de fer pointue, tandis que la partie postérieure du projectile était de plomb.

Ces projectiles furent souvent entourés de fil de fer ou de cuivre, afin de décroître le vent [1], et soutenir la partie antérieure par l'action de l'air, sur les cannelures formées par les interstices du fil sur le cylindre. D'autres avaient la partie postérieure creuse ; on y mettait un tampon de bois ou de métal dur.

Cibrario nous apprend qu'il existait des balles sphériques, de même que des balles de plomb allongées munies de noyaux de pierre, placés dans leur creux, destinés à les faire dilater pour décroître le vent. Dans ces balles, le centre de gravité fut porté en avant, ce qui produisit de très-bons résultats.

D'après ces renseignements, nous demandons à nos inven-

---

[1] On appelle vent, l'espace vide entre le projectile et la paroi interne du canon.

teurs modernes, ce qu'ils ont inventé qui n'ait pas été découvert par nos ancêtres?

Le tableau des projectiles qui se trouve à la fin de ce volume, reproduit le fac-simile de la plus grande partie des différents projectiles sphériques et cylindro-coniques créés dans ces derniers temps, ainsi que les noms de leurs inventeurs et des pays auxquels ils appartiennent.

D'après ce qu'on vient de lire, il ne sera pas hors de propos de reproduire ici un aperçu sur le mouvement des projectiles cylindro-coniques et des effets qu'y produisent les cannelures circulaires. Cet aperçu est emprunté au travail de M. L. Panot, ex-capitaine instructeur à l'école de tir de Saint-Omer, (*Extrait du cours sur les armes à feu portatives de* 1850, page 147). Tout nous porte à croire que M. Panot, a lui-même emprunté ces détails à la brochure du commandant Favé, actuellement officier d'ordonnance de S. M. l'empereur Napoléon III.

« Pour faire bien comprendre comment une balle oblongue
» peut, à l'aide des cannelures et du mouvement de rotation
» normal, être ramenée constamment dans la direction du
» mouvement, de rotation normale, nous citerons deux faits
» qui, par leur analogie avec la marche des balles oblongues à
» cannelures, feront voir d'une manière évidente tout le parti
» que l'on peut tirer de la résistance de l'air quand les corps
» soumis à l'action de cette résistance sont disposés et taillés
» d'une manière convenable.

» Lorsqu'une toupie tombe à terre et qu'elle y est animée
» d'un mouvement très-vif de rotation, très-inclinée d'abord,
» elle se relève peu à peu et finit par tourner autour de son
» axe devenu vertical, de telle manière qu'on la croirait immo-
» bile. La cause qui relève ainsi la toupie inclinée et qui l'em-
» pêche de tomber est due évidemment au mouvement de rota-

» tion; sans ce mouvement la toupie tomberait. Si la toupie
» parvient à se relever, c'est certainement par l'action d'une
» force provenant de la résistance de l'air, et engendrée par
» ce mouvement.

» Par suite de la résistance créée par le double mouvement
» de la toupie et de la différence de densité des couches d'air
» dans lesquels les éléments de la surface se trouvent, la toupie
» tendra à se relever, et elle se relèvera d'autant plus vite que
» le mouvement de rotation sera plus rapide. La toupie qui
» tourne peut être considérée comme immobile à la pointe;
» il ne peut pas en être de même de la balle oblongue, sa
» pointe est animée en même temps d'un mouvement de transla-
» tion, et d'un mouvement de rotation.

» Examinons en second lieu une flèche, projectile que nous
» savons destiné seulement à recevoir un mouvement de transla-
» tion. La flèche a dû être construite de telle sorte que la résis-
» tance de l'air n'exerce pas contre son mouvement une action
» défavorable. Son poids presque tout entier est à la pointe,
» et par conséquent son centre de gravité en est très-près. On
» place à l'extrémité opposée des substances légères qui ne
» déplacent presque par le centre de gravité, engendrent des
» résistances à l'arrière et empêchent la flèche de changer faci-
» lement de direction. Cette difficulté qu'éprouve la flèche à
» changer de direction, doit concourir à l'empêcher de des-
» cendre aussi rapidement qu'elle le ferait sans cela en obéis-
» sant à l'action de la pesanteur. Les pennes de la flèche s'op-
» posent à ce qu'elle puisse jamais prendre un mouvement de
» rotation perpendiculaire à son grand axe, elles maintiennent
» la flèche dans la direction du mouvement, et rendent sa tra-
» jectoire plus aplatie. La forme allongée de la flèche a pour
» effet de rendre la plus faible possible, la résistance de l'air à

» son mouvement de translation. Les cannelures imprimées à
» la balle concourent à réunir, pour assurer la direction de la
» balle, les deux modes d'action de la résistance de l'air que
» nous venons d'exposer pour la toupie et pour la flèche. »

A notre tour, arrêtons-nous un moment sur les avantages de
la balle cylindro-conique à cannelures, lancée par une arme
rayée en spirale : ces avantages qui sont bien plus grands que
ceux de la balle sphérique, consistent dans son poids, sa longueur et sa forme en pointe; son poids augmente la portée et la
justesse aux grandes distances ; sa longueur l'empêche de se
déchirer en passant au-dessus des rayures, ce qui a souvent lieu
avec la balle sphérique, surtout quand la charge de poudre est
trop forte, ou que le projectile est tant soit peu petit, effets qui
détruisent la justesse et la portée de l'arme; sa pointe en écartant les particules d'air, au lieu de les refouler, facilite le mouvement de translation, tout en augmentant la pénétration.

Les trois cannelures circulaires qui se trouvent sur la partie
cylindrique de cette balle, doivent présenter des arêtes vives et
sa partie postérieure doit être parfaitement cylindrique, afin
qu'elle reçoive en plein le choc de l'air, sans ces deux conditions, les cannelures n'auraient pas l'effet voulu, pour modifier
la dérivation du mouvement de rotation engendrée par les spires
de la rayure. Il est vrai que les directrices ne peuvent entièrement la faire disparaître, mais la diminuent considérablement
pour les longues distances, parce qu'elles tendent continuellement à ramener par les inflections qu'elles communiquent au
projectile, son axe sur la ligne de la trajectoire lorsqu'il s'en
écarte [1]. C'est en dessous de la partie postérieure du cylindre,

---

[1] Les cannelures directrices sont à la balle cylindro-conique ce que le
gouvernail est au navire : elles n'ont d'effet qu'autant qu'elles ne sont pas

que l'air rencontre, de la part des cannelures, une plus grande résistance, ce qui donne lieu au redressement du projectile, lorsque son axe s'écarte de la direction qu'il doit parcourir pour arriver au but. Il est certain que si la résistance n'est pas égale en dessus et en dessous, il y aura déviation et elle sera d'autant plus grande, que la charge sera petite, attendu que le projectile recevant une faible impulsion, restera plus longtemps soumis à l'action déviatrice de l'air et du mouvement rotatif, ainsi qu'à la pesanteur qui tend toujours à lui faire faire la culbute.

Lorsqu'on tirait à de grandes distances, avec la balle cylindro-conique sans cannelures, ou n'en ayant qu'une, comme l'avait la balle primitive de M. Minié, les déviations devenaient tellement grandes, qu'on fut forcé d'abandonner ce projectile. Cependant nous pouvons assurer qu'aux distances de 150 à 200 mètres, le tir de cette balle avec l'arme de guerre rayée est fort bon et même supérieur à celui de la balle sphérique.

L'immense avantage de la balle à cannelure, est d'utiliser l'air pour la maintenir dans son mouvement de translation constamment la pointe en avant, même aux plus fortes distances. C'est à M. Tamisier, ex-capitaine de l'artillerie française que nous sommes redevables de cette belle innovation. Le moteur dont il se sert pour maintenir la balle dans son plan de tir, est celui-là même qui, avec toutes les autres formes de projectiles, augmente leur déviation de la ligne de tir. On ne saurait trop faire connaître le nom du savant officier, qui est parvenu à obtenir un tel résultat. Toutefois M. Delvigne avait déjà pratiqué les cannelures sur le cylindre du projectile, mais

déformées à la sortie du canon et qu'elles sont placées sur le pourtour cylindrique postérieur du mobile.

n'avait pas défini d'uue manière certaine le mérite des directrices.

Après avoir indiqué l'utilité des balles allongées à trois cannelures circulaires, il est nécessaire de décrire les écueils qu'on
doit redouter dans leur construction, surtout lorsqu'elles sont
à cavité avec ou sans noyau [1] :

1° La profondeur de la cavité doit être établie de façon à
éviter l'arrachement de la balle tout en permettant à la force
expansive des gaz, développée par l'inflammation de la poudre,
de la faire épanouir de manière à ce que la circonférence du
creux de la balle remplisse les rayures en s'y moulant, ce qui
ne peut avoir lieu qu'en donnant à l'entrée de la cavité qui se
trouve à l'arrière, la forme évasée d'un entonnoir ; tout en ayant
soin que le creux ne se prolonge pas au-delà de la bande cylindrique du projectile, qui a pour appui la paroi interne du canon, pour s'opposer à son déchirement. Au contraire, si le
creux dépasse le cylindre, le projectile n'ayant pas à sa partie
conique la même adhérence aux parois du canon, sera exposé
à être arraché ou perforé par la puissance des gaz tendant à

[1] Les déchirures des balles creuses, soit à culot ou sans culot, sont
le résultat de différentes causes qu'on désigne à Vincennes de la manière
suivante :

1° *Les anneaux*, formés d'une ou plusieurs cannelures, mais terminés
par un rebord plat, provenant d'une mauvaise fonte dans la confection des
projectiles.

2° *Les lunettes* : Lorsque les débris se composent de toute la partie cylindrique et se terminent en biseau par la violence de l'arrachement, la
partie antérieure de la balle étant complétement enlevée.

3° *L'affouillement* : Accident produit par l'action des gaz qui s'échappent d'une manière quelconque au travers de la balle, en la déchirant d'une
manière très-variée, ce qui est presque toujours occasionné par les soufflures qui se produisent dans la cavité du projectile pendant la fonte.

s'échapper vers cet endroit le plus faible du mobile. Car on comprend que c'est vers la ligne où la partie massive de la balle s'unit à la partie creuse qu'est l'endroit faible du métal, que c'est là que la force impulsive agit le plus, et que, par conséquent, c'est en cet endroit que l'arrachement aura lieu ; et dans ce cas le cône du projectile seul est lancé au loin, tandis que la partie creuse reste engagée dans les rayures du canon sous la forme d'un anneau. C'est là un des plus grands inconvénients qui puisse arriver dans l'emploi des balles cylindro-coniques creuses.

Ce même inconvénient est inhérent à la balle à culot de M. le commandant Minié, lorsque la charge de poudre est trop forte, ou que le culot en fer n'est pas suffisamment graissé, ou encore lorsqu'il n'est pas assez allongé, défaut qui le fait souvent pirouetter dans la cavité et occasionne la rupture de la balle, comme il a été indiqué ci-dessus. Le premier culot en tôle de M. Minié avait le grave inconvénient de se séparer de la balle à sa sortie du canon ; effet produit par une faible portion d'air qu'il refoulait et comprimait au fond de la cavité. Le nouveau étant plus mince, plus allongé et de forme conique, laisse un vide suffisant à l'air pour qu'il n'exerce aucune pression sur le culot, qui du reste, par sa construction, adhère infiniment mieux aux parois de la cavité, résiste par conséquent davantage à cette minime force répulsive d'air comprimé, qui le faisait sortir de son logement. La rupture de cette balle provient le plus souvent du manque de régularité dans la confection du culot en fer dont il se sert pour opérer son forcement : une légère augmentation de son diamètre ou une simple bavure de ce dernier la produit.

Enfin les hélices impriment au mobile un mouvement de torsion, tandis que les gaz le chassent avec force devant eux ; ces

deux actions opposées poussent aussi à la déchirure. De plus
les résidus charbonneux qui s'attachent aux parois de l'âme
l'activent encore davantage ; c'est pourquoi M. Minié recommande avec tant d'instance de suiffer toutes les parties de son
projectile, sauf le cône.

Si dans la balle creuse sans culot, la cavité n'est pas assez
profonde ni assez évasée à son entrée, pour permettre aux gaz
de s'y développer avec force et en faire céder les parois, il en
résulte, qu'ils ne font plus l'office d'un coin qu'on y casserait,
mais bien celui que ferait une cheville cylindrique qui y serait
introduite et qui aurait pour effet de choquer le fond du creux,
sans atteindre sa circonférence, force qui chasserait au loin le
projectile sans qu'il ait pu s'engager dans les hélices pour en
suivre la courbe, destinée à lui communiquer le mouvement de
rotation normal, sans lequel on ne peut obtenir un tir régulier.
Si l'on doit donner au cône une longueur qui ne peut varier au-
delà de 10 à 15 millimètres, sans devenir nuisible à la justesse
du tir, de même on doit craindre de le rendre trop pointu ou
trop obtus. Il est un juste milieu facile à conserver ; observons
néanmoins que la longueur du cône est subordonnée au diamètre du cylindre de la balle, c'est-à-dire qu'il doit en quelque
sorte être de la même longueur ; de plus, il faut avoir grand
soin d'équilibrer ces divers projectiles de manière que la partie
antérieure soit sensiblement plus pesante que la postérieure.
Cette précaution facilite le mouvement de translation, en empêchant le mobile de faire la culbute pendant qu'il décrit sa trajectoire, les cannelures faisant les mêmes fonctions en cette
circonstance que les pennes de la flèche.

3° Si l'on fait varier la forme du creux, on ne doit pas oublier
qu'en agissant ainsi, le centre de gravité est déplacé, changement qui peut déterminer de grandes variations dans la régula-

rité de la marche du mobile, par conséquent dans la précision du tir.

La charge de l'arme doit se faire soigneusement et régulièrement, afin de ne pas déformer le cône de la balle au moyen de la tête fraisée de la baguette et en même temps éviter d'écraser la charge de poudre, deux inconvénients qui diminuent la portée et la régularité du tir. On doit s'attacher avec le plus grand soin, n'importe le mode de chargement, de faire coïncider l'axe de la balle avec celui du tube dans lequel doit être lancé le projectile. Il est encore d'autres observations relatives à l'emploi des projectiles. Tout projectile ayant trop peu de diamètre, comparativement à celui du tube dans lequel il se meut, donnera des portées plus faibles, plus irrégulières que celles qu'on a le droit d'exiger d'une arme de précision, chargée d'une balle convenable. En outre, les déviations seront d'autant plus sensibles et la portée d'autant plus courte que le vent de la balle sera lui-même plus considérable. Lorsque le projectile est trop gros, il se produit encore des déviations, d'abord parce qu'on déforme le cône de la balle lorsqu'on la chasse avec force à l'aide de la baguette, pour la placer sur la charge de poudre, et qu'en outre les cannelures ont en partie disparu.

Nous disons donc que la grosseur du projectile, dont on doit se servir pour une arme rayée, sera telle qu'il faille appuyer légèrement, ni plus, ni moins, au moyen de la baguette pour le descendre au fond du tube. Remarquons qu'il y a avantage à se servir de la cartouche suiffée, et à défaut de cette cartouche, d'un calepin ou d'une balle graissée.

Pour le projectile sphérique, si le centre de gravité et le centre de figure qu'il affecte, ne se confondent pas (ou à peu près) il est évident que le mobile sera soumis dans sa marche à de graves perturbations. Comme je l'ai fait remarquer au commencement de ce chapitre, on n'avait pas été autrefois sans faire des essais sur les balles oblongues, mais ils avaient été délaissés, ou du moins la balle sphérique l'avait emporté faute d'expériences suffisantes, pour déterminer ses avantages, ou parce qu'on n'avait pas tenu compte des principes que nous venons d'énoncer. Depuis que M. Delvigne et plus tard M. Minié eurent l'heureuse idée de faire une nouvelle application du creux à l'arrière de la balle cylindro-conique que nos ancêtres avaient déjà expérimenté, au lieu. de la laisser massive, les choses ont bien changé de face.

Constatons pour le moment, que jusqu'aujourd'hui la balle cylindro-conique à cavité à l'arrière portant des cannelures circulaires sur sa partie postérieure, est celle qui a obtenu les meilleurs effets en justesse ainsi qu'en portée pour les plus grandes distances : de ce nombre sont les balles Minié, Charrin, de la garde impériale française, de l'infanterie belge, etc. Cette dernière finira sans doute par être adoptée partout où le système des rayures en spirales sera mis en usage. Voici ce qui résulte des nombreuses expériences faites sur les balles oblongues dont nous parlons. La forme pointue, offrant moins de prise au premier choc de l'atmosphère, divise plus aisément les molécules de l'air et présente moins de surface à son action résistante ; les cannelures atténuent le mouvement de dérivation, et par suite conservent mieux au mobile sa force motrice, ainsi que sa bonne direction. Sa cavité, outre qu'elle lui permet de recevoir plus énergiquement l'action propulsive des gaz, et rapprochant le centre de gravité du centre de figure, maintient constamment le cône en avant, durant tout son mouvement de translation [1]. Nous devons aussi noter que le nombre

---

[1] Ce fut en 1500, que le célèbre Léonard de Vinci découvrit que lorsque

des cannelures directrices sur le cylindre de la balle doit varier relativement à sa grandeur, c'est-à-dire qu'au fur et à mesure qu'il s'allonge le nombre doit s'accroître ; mais il ne peut jamais être au-dessous de deux, à moins qu'elle ne soit extrêmement profonde comme celle de la garde impériale française, sans quoi l'air ne rencontrerait pas une opposition suffisante pour redresser le mobile, dès que son axe tend à cesser de se confondre avec la tangente à la trajectoire.

Nous avons eu en main un projectile de M. Tamisier, ayant sept calibres de longueur, sur lequel il avait fait 7 cannelures directrices. Sa portée, ainsi que sa précision, étaient restées dans d'aussi bonnes conditions, que les projectiles cylindro-coniques à trois cannelures, dont on se sert pour la carabine des chasseurs de Vincennes. — Avec de tels résultats, on peut donc sans crainte d'inconvénients, diminuer le diamètre de l'arme de guerre, puisqu'on peut compenser la perte que produit le rétrécissement de l'âme, en donnant au projectile une forme plus allongée. L'Angleterre a déjà profité de ce moyen pour rendre ses armes plus maniables et plus légères, sans leur faire perdre en rien de leur solidité.

Le nombre et la profondeur des directrices qu'on établit sur le cylindre des balles oblongues, doivent être réglés d'après le poids du mobile et la force de projection de la charge de poudre.

Il est évident que s'il est léger, on doit diminuer le nombre et la profondeur des cannelures parce qu'alors l'air ambiant opposerait une résistance qui ne serait plus en rapport avec la

le centre de gravité et le centre de figure d'un projectile ne coïncident pas, le mobile éprouve des déviations en tous sens. Cependant, chose étrange, l'application de cette règle ne date que de ce siècle.

force d'impulsion ; de là, diminution considérable de portée et de justesse.

Enfin la forme allongée permet de diminuer le pas des hélices, ce qui détermine un mouvement de rotation normal capable de conserver la précision du tir pendant la trajectoire du mobile.

La balle cylindro-conique est plus lourde que la balle sphérique ; mais quoique la première ait au sortir de la bouche du canon, précisément même à cause de cette lourdeur, une course moins rapide que celle de la deuxième, il n'en reste pas moins constant, qu'elle la dépasse déjà en vitesse avant d'être parvenue au tiers de son parcours, tant par suite du peu de résistance que lui oppose l'air, que des autres avantages que lui impriment son poids, sa forme et sa structure. Or ces avantages sont tels, qu'elle atteint toujours le but la pointe en avant et, qu'à la distance de 1,000 à 1,200 mètres elle est capable de percer deux panneaux en bois blanc, ayant chacun 3 centimètres d'épaisseur, résultat qu'il est tout à fait impossible d'obtenir, avec la balle sphérique ; d'où il est aisé de conclure, que la balle cylindro-conique jouit d'une portée et d'une force de pénétration bien plus grande que la balle sphérique.

Cependant malgré la beauté des résultats obtenus au moyen de la balle cylindro-conique, on est loin d'avoir dit le dernier mot sur la forme la plus convenable à donner à cette espèce de projectile ; on espère encore trouver mieux, de sorte que les expériences continuent. Toutefois, comme la balle creuse paraît être celle qui conviendrait le mieux jusqu'à ce jour, les recherches sont uniquement tournées vers le procédé qui permettrait de substituer au culot en fer de M. Minié, une modification de la balle elle-même. Disons que plusieurs modèles sont déjà en service dans différents pays, comme nous l'avons déjà cité dans ce chapitre.

Bien des personnes se sont mises à l'œuvre pour trouver un projectile qui permette de supprimer le culot en fer de la balle Minié. Aussi, depuis quelque temps, voit-on surgir de toutes parts des demandes de brevets et nous avons voulu, comme tant d'autres payer un tribut au progrès, en recherchant les nouvelles formes qu'on pourrait donner à la balle conique creuse.

Notre première idée fut d'utiliser l'action des gaz et le remous de l'air dans la cavité de ce genre de projectile. Pour y parvenir, nous nous sommes guidé sur les signes géométriques. Notre premier essai fut de renforcer la partie intérieure du cylindre par des arêtes douces, puis plus prononcées, pour empêcher son arrachement près de la partie massive de la balle, qui en forme le cône extérieur; quelquefois le fond du creux est plat, d'autres fois il prend la forme conique jusqu'à l'endroit où se termine le cylindre. — Au deuxième essai, nous avons eu recours aux côtes en forme d'hélice dans la cavité; les côtes ont pour but d'activer le mouvement de la rotation du mobile, lorsqu'il traverse l'espace et d'empêcher qu'il n'y ait rupture par la violence des gaz. Il ne faut pas oublier que les côtes doivent prendre leur courbe dans le même sens que la rayure du canon; sans cet e précaution, il y aurait perturbation dans le mouvement de la balle, tandis que si les côtes intérieures de la balle affectent la même courbe que celle du canon, elles augmentent sa rotation et détermine une plus grande précision dans le tir.—Notre troisième essai consiste à faire prendre au creux la forme d'un entonnoir fortement évasé à l'entrée, ce qui nous a paru le moyen le plus rationnel pour empêcher son arrachement et faciliter son épanouissement.

L'idée nous est venue ensuite de faire au centre de la cavité du projectile un noyau, tant pour régulariser son équilibre, que pour augmenter l'action des gaz sur la paroi du cylindre, afin de rendre l'épanouissement plus complet, de manière à éviter les fuites de gaz et lui faire prendre les rayures pour obtenir le mouvement de rotation normal qui contribue à augmenter la précision du tir. Ce noyau a de plus le mérite d'empêcher les soufflures du plomb dans le creux de la balle, inconvénients qui produisent souvent la rupture. — Au cinquième essai, nous avons donné à la partie creuse la forme à plusieurs pans, d'abord droits, ensuite courbes, mais toujours en rapport avec la spirale des rayures; c'est-à-dire que si elle tourne de droite à gauche, les pans de la balle prendront leur courbe de droite à gauche, de même de gauche à droite si elle tourne dans ce sens. — Notre sixième essai nous a porté à confectionner une balle à grillage, formant corps avec le cylindre et le fond de la cavité; le but de cette espèce de balle est d'empêcher sa déchirure, tout en lui laissant la facilité de se gonfler sous la pression des gaz, et en même temps de diminuer son poids pour rester dans les conditions réglementaires. — Au septième essai nous avons créé une nouvelle balle capable d'être tirée avantageusement dans les canons lisses ou rayés.

Il suffit de faire confectionner un moule de telle façon que, la balle étant fondue porte à sa partie postérieure une tige assez longue et assez grosse pour pouvoir recevoir une ou plusieurs bourres qu'on y fixera, de sorte que bourres et projectile ne forment qu'un, ce qui est facile en coupant et en aplatissant l'excédant de ladite tige. Ces bourres seront faites à l'emporte-pièce; les meilleures sont celles en carton ordinaire, en liége, ou en feutre de toute espèce.

Ce moyen d'arranger la charge est bien supérieur à ceux employés jusqu'à ce jour ; il la facilite, l'active et augmente la précision du tir ainsi que la portée.

Il est bien entendu que les bourres seront plus fortes d'un numéro que le calibre de l'arme —Leur bord devra être graissé pour diminuer le frottement et l'encrassement.

Notre huitième essai consiste en une balle portant des cannelures longitudinales sur le cône, et circulaires sur le cylindre. Ce principe nous paraît devoir mieux maintenir l'axe de la balle dans le plan vertical de la trajectoire.

Enfin nous nous sommes arrêté à celle dont la partie cylindrique est formée de petits ressauts superposés, augmentant progressivement d'épaisseur, jusqu'à ce qu'ils arrivent près du cône. Certes rien ne nous empêchait de multiplier la forme de la cavité ; mais plusieurs de ces balles dont il vient d'être question, ayant offert d'assez bons résultats pour ne pas devoir recourir au culot en fer, nous avons cru pouvoir nous dispenser de pousser plus loin nos recherches.

Quant aux balles à pointes d'acier, nous en laisserons l'usage à M. le lieutenant Gérard, surnommé le tueur de lions, ainsi qu'aux chasseurs d'éléphants et de tigres, etc.

Qu'il nous soit permis d'engager instamment les expérimentateurs, à ne pas s'écarter de quelques autres principes importants, notamment de ceux qui consistent à conserver assez de force d'adhérence ou affinité moléculaire au projectile, dans le but d'empêcher qu'il ne se déchire dans l'âme du canon, par la violence des gaz, et, ensuite, à avoir soin de régler son poids et sa longueur d'après la charge de poudre que comportera l'arme, la longueur du canon, la forme et la profondeur des rayures, etc. Sans oublier de ne pas dépasser la limite du poids fixé par les commissions d'artillerie, précaution qui, négligée, rendrait trop difficile le transport des munitions de guerre.

On ne peut véritablement juger du mérite d'un projectile, sans l'avoir expérimenté avec l'arme à laquelle il est destiné; attendu que le genre d'inflammation, la longueur du canon, son calibre, la forme de sa culasse, le nombre et la courbe des hélices, sont autant de causes qui peuvent amener de grandes variations dans la portée et la justesse de l'arme.

Note 1re. — *Preuves du mouvement gyratoire de la balle et de sa stabilité.* — (*Traité du fusil*, par Delorme Duquesney. Édition belge, page 142.) — « De nombreuses expériences prouvent que les canons ainsi rayés en hélice, ont un avantage constant de justesse à toutes les distances sur les canons lisses et les canons à rayures droites; aussi a-t-on renoncé à ces derniers. On a vérifié de même que la balle frappe le but par sa partie antérieure, que sa surface porte la trace des rayures et qu'elle prend un mouvement de rotation; ce que l'on prouve en tirant à travers un sac rempli d'étoupes ou sur des cibles en papier, placées l'une derrière l'autre, après avoir fait une entaille latérale à la balle, ou en tirant la nuit avec des balles portant une petite mèche d'artifice que l'on voit très-bien tourner; c'est la confirmation de la théorie en ce qui concerne son mouvement de rotation et la stabilité de ce mouvement.

2e Note. — Beaucoup de personnes se sont plues à amoindrir le mérite de la carabine à tige; cependant quoiqu'elle ne soit pas parfaite, il n'en reste pas moins constaté, par l'expérience, que c'est une des meilleures armes de guerre rayées, connues jusqu'à ce jour : nous pourrions même dire la meilleure qui ait été employée. — Les grands inconvénients, qu'on disait inhérents à cette arme, n'ont en rien gêné les feux des bataillons français qui s'en sont servis, soit en Afrique, soit en Italie ou en Crimée.

L'arme des Zouaves n'a pas rendu le même service, parce que le canon de leurs fusils était trop long pour bien la charger, de sorte que le forcement de la balle sur la tige était irrégulier.

Avouons franchement que nous fûmes naguère de l'opinion des personnes qui avaient cru à son insuccès probable, car les défauts, que l'on reprochait à cette arme, étaient trop nombreux.

Mais convenons de suite à sa louange qu'elle a trompé les calculs les plus profonds des théoriciens et même des praticiens.

L'usage, qui est la plus concluante de toutes les théories, a donné un démenti formel aux principes émis par la science.

Voici ce qui a donné lieu à ce résultat inattendu.

Pendant que la charge de poudre prend place autour de la tige qui se trouve au fond de l'âme du canon, sur laquelle, à son tour, le centre de la partie plane du projectile vient se poser, trois coups de baguettes, appliqués avec régularité, suffisent, pour opérer son forcement. La pression qui a lieu sur la balle ainsi prise, entre la tige et la baguette, produit deux effets différents : 1° le retrait à sa base, par l'enfoncement qu'y forme la tige ; 2° le choc de la tête de baguette, en coiffant le sommet du cône, détermine, par sa pression, un gonflement juste au-dessus des cannelures, ce qui les protégent contre les déchirures que pourraient y faire les saillies des spires, tout en la forçant suffisamment pour lui faire suivre les hélices.

Le refoulement de la baguette sur la balle massive produit la diminution de hauteur et l'augmentation du diamètre ; d'habitude, ce dernier grandit du tiers de la perte de hauteur, lorsque le refoulement est complet.

Comme on le voit ci-dessus, il ne suffit pas de pratiquer des cannelures sur le cylindre des balles oblongues, il faut encore savoir les y conserver, jusqu'à ce que le projectile soit hors du canon.

Ce n'est que par des expériences nombreuses qu'on peut y parvenir. Voici, selon nous, un des meilleurs moyens ; c'est dans la forme du projectile lui-même, qu'on doit le puiser : Il faut qu'il soit légèrement plus fort en avant des cannelures, pour les mettre à l'abri des atteintes de la rayure.

3e Note. — Il ne peut y avoir d'essai comparatif entre des projectiles de différents modèles, qu'à la condition qu'ils soient du même poids. Dans le cas contraire, ce sera toujours le plus pesant qui l'emportera aux grandes distances. Si l'arme est d'un plus petit calibre, on allongera le cylindre de la balle pour lui donner le même poids que celles d'un calibre plus fort.

4e Note. — Un fait très-remarquable c'est que les charges de poudre pour les balles oblongues, sont en raison inverse de leur poids ; ce phénomène est dû à la forme pointue qu'affecte la partie antérieure de ces balles, qui lui permet de diviser ou séparer plus facilement les couches d'air.

Le projectile cylindro-conique est généralement un bon tiers plus pesant que le sphérique et la charge de poudre est réduite d'un tiers.

5e Note. — École de tir de Vincennes. — L'école de tir de Vincennes, où chaque année on envoie un officier par régiment d'infanterie et par bataillon de chasseurs, et depuis peu quelques officiers de marine, est restée jusqu'à présent en Europe l'école modèle. Les officiers qui en sortent ont reçu une instruction théorique et pratique qui les met à même d'instruire à leur rentrée au corps, officiers et soldats ; tout officier sorti de l'École et qui a voulu y suivre avec fruit les cours, est capable de créer et d'organiser tout établissement destiné à l'enseignement du tir, à la comparaison intelligente des divers modèles d'armes en usage dans les armées européennes, par suite à la détermination même de ces systèmes d'après leurs conditions de service. Malheureusement cette École n'est pas aussi spécialement protégée par le gouvernement que devrait l'être un aussi utile établissement; les fonds alloués à son entretien sont, nous a-t-on dit, d'une dérisoire mesquinerie. Plus malheureusement encore ce même système d'économie mal entendu a fait licencier les Écoles secondaires de Grenoble, Toulouse, Saint-Omer, et supprimer à l'École les classes de sous-officiers et caporaux qui, placées sous la surveillance et la direction des officiers élèves, donnaient les meilleurs résultats. Peut-être aussi le choix des officiers auxquels incombe la haute direction de l'École n'a-t-il pas toujours été suffisamment justifié. Ces réserves faites, nous aimons à répéter qu'aucun gouvernement n'a encore rien créé qui puisse rivaliser avec l'enseignement donné à Vincennes.

CHAPITRE XI.

CARTOUCHE.

En 1567, le duc d'Albe donne aux mousquetaires à cheval, en Espagne, 20 cartouches par homme; elles sont contenues dans des sacs en cuir. Pendant la guerre de Trente ans [1], le grand Gustave Adolphe, donne la cartouche à son infanterie; elles étaient renfermées dans une giberne qui se trouvait en avant de la ceinture.

Avant 1597, les cartouches étaient en usage parmi les arquebusiers de Naples.

En 1660, l'infanterie anglaise adopte la cartouche.

En 1689, les fantassins brandebourgiens portent 24 cartouches divisées en quatre paquets.

En 1690, on introduisit la cartouche dans l'infanterie française, mais sans supprimer le cornet d'amorce. Ce n'est qu'en 1745 qu'on le mit définitivement de côté.

1764. — Pour faire la cartouche des fusils de munition,

[1] De 1611 à 1632, époque où il mourut à la bataille de Lutzen.

on coupe le morceau de papier en forme de trapèze ; au lieu de le coller on le replie sur lui-même.

1828. — M. Sellier propose une cartouche d'infanterie pour fusil à percussion, portant une capsule fulminante logée dans un calepin en feutre.

Cartouches pour les armes rayées du système Minié et des chasseurs de Vincennes. — L'enveloppe en papier étant fixée à la balle, on la passe au bain de suif, jusqu'à la hauteur du cylindre de la balle. — La charge de poudre de guerre est de $4^{gr}50$. Elle reste constante pour toutes les distances ; c'est de la hausse que l'on obtient les différents buts en blanc, en montant où abaissant le curseur selon l'éloignement de l'objet que l'on vise. Dans les armes de guerre, les distances sont ordinairement réglées de 100 en 100 mètres, jusqu'aux distances de 600 à 900 mètres.

La meilleure manière de confectionner la cartouche, est de noyer la partie conique de la balle dans la charge de poudre. — Avant de charger, déchirez la cartouche, versez la poudre dans le tube, retournez la cartouche poussez-la dans le canon jusqu'à la hauteur de la partie cylindrique de la balle ; arrachez et jetez le papier qui déborde, puis descendez la balle avec la baguette sur la poudre et frappez trois coups, comme pour le fusil d'infanterie.

On se sert depuis peu en Angleterre, d'un papier préparé brûlant et prenant feu comme la poudre ordinaire ; de plus on lui fait subir une préparation, qui le rend imperméable. Cette cartouche dispense de tous les apprêts indiqués plus haut.

En ce qui concerne la fabrication des cartouches de guerre, nous devons avouer que partout elle laisse beaucoup à désirer ; les procédés employés sont lents et de plus très-imparfaits. Rien n'est plus fréquent que de rencontrer des cartouches ne contenant pas la charge voulue ou dont les balles soient mal coulées. Pour obvier à ce dernier inconvénient on a proposé et expérimenté dans divers gouvernements des machines à étamper. ou comprimer les balles. Ce système, qui offre de grands avantages, a pourtant rencontré beaucoup d'opposition. Parmi les reproches qui lui ont été adressés, se présentent en première ligne les mauvais résultats comme forcement auxquels on est parfois arrivé par suite d'une compression exagérée du plomb, ce qui le rend trop cassant. Nous devons dire pourtant qu'il est un de ces systèmes qui semble complétement à l'abri de ce reproche, c'est celui de M. de Gaugler, officier des Chasseurs de Vincennes. Il y a dix-huit mois, ce dernier s'était fait breveter avec M. Mancel, autre officier des Chasseurs, pour une machine à confectionner balles et cartouches. Depuis, M. de Gaugler, perfectionnant ou pour mieux dire abandonnant entièrement sa première idée, est arrivé à une grande rapidité et une grande sûreté d'exécution tout en rendant son appareil tellement transportable que l'atelier de fabrication fonctionne *en marche* dans un fourgon d'artillerie, ce qui est inappréciable en campagne. Cette mobilité répond victorieusement à cette autre objection à faire au système en général, de ne pouvoir par le poids et le volume des appareils employés, suivre les armées, ce qui rend les approvisionnements difficiles en temps de guerre [1].

[1] M. de Gaugler, démissionnaire depuis la paix, a également imaginé une hausse qui semble promettre d'excellents résultats. Elle est actuellement entre les mains d'une commission militaire, à Liége, pour être soumise à une expérimentation définitive.

CHAPITRE XII.

Notes tirées de la brochure du major John Jacob, de l'artillerie de Bombay (actuellement lieutenant-colonel) sur sa nouvelle carabine.

J'ai préparé une carabine pour l'armée du calibre 24, avec laquelle un tireur passable peut certainement une fois sur trois atteindre un but de la grandeur d'un homme et cela à la distance de 1,000 yards ; la balle est encore mortelle à la distance de 2,000 yards.

Je n'ai combiné cette carabine que pour le tir à 1,200 yards, mais on peut aisément obtenir une plus grande portée.

La charge de poudre en est petite, 2 drachms (soit $3^{\mathrm{gr}}54^{\mathrm{cent}}$) pour une balle de 54 grammes ; si l'arme au lieu de 9 livres $3/4$ pesait 10 $1/4$ livres en la renforçant au tonnerre de manière à y mettre 3 drachms de poudre (soit $4^{\mathrm{gr}}31^{\mathrm{cent}}$) on obtiendrait de beaucoup plus grands résultats.

Description de la carabine pour l'armée. — Canon simple, 30 pouces de longueur, calibre 24, 4 rayures, les raies faisant un tour sur 24 pouces de longueur ; le canon attaché au bois par les mêmes garnitures que celles des fusils de munition, la baguette à tête creuse s'adaptant au cône de la balle, une baïonnette-sabre de 24 pouces de longueur et du meilleur acier; un guidon, une hausse à curseur et à ressort pour empêcher qu'elle ne joue à faux.

L'arme de 10 liv. ¼ donne d'excellents résultats à 2,000 yards; les balles à cette distance pénètrent dans un mur en briques dures à environ 4 pouces. Je n'ai pas essayé le tir au-delà; mais d'après ce que j'ai vu à cette distance et avec les balles que j'emploie maintenant, je suis convaincu que l'on parviendrait à trouver une arme qui à la distance de 3,000 yards ferait autant d'effet que l'ancienne carabine à 300 yards avec la balle sphérique

Expérience de la carabine destinée à l'armée. — Ma carabine à 4 rayures fut rejetée par l'autorité par la seule raison que celle à 2 rayures étant jugée assez bonne pour l'armée royale, elle devait également l'être pour l'armée des Indes.

L'arme étant trouvée, il s'agissait d'avoir le meilleur projectile. Toutes les formes furent essayées jusqu'à ce que, après différents essais, il fut prouvé que la balle conique (nº 2) avait de grands avantages sur les autres projectiles employés jusqu'alors. On trouva qu'à 300 yards la balle sphérique ne donnait plus de résultats.

La balle conique, quoique plus pesante que la balle sphérique du même calibre dans la proportion de 3 à 2, demande une charge de poudre dans la proportion inverse de son poids; c'est-à-dire que si la charge de la balle sphérique demande 3 drachms de poudre, la balle conique n'en demande que 2.

La balle conique (nº 2) pendant longtemps a gardé sa supériorité; ses avantages étaient incontestables et elle donnait de très-bons résultats à 600 et même à 800 yards.

Les expériences en étaient à ce point longtemps avant l'ap-

parition de la balle Minié; dès qu'elle fut connue on en attendit
de grands résultats. Elle fut essayée sur une grande échelle.

La balle de M. Minié est représentée dans la fig. n° 3 [1].

Après de longs et patients essais pendant plusieurs mois,
on trouva qu'elle ne convenait nullement.

Dans les circonstances les plus favorables elle n'a jamais pu
atteindre l'excellence de la balle n° 2. Ceci provenait de ce que,
souvent le culot de fer était chassé au travers de la balle et que
celle-ci ayant laissé échapper les gaz se maintenait ferme au
fond du canon. A notre grand étonnement la balle Minié fut
condamnée; d'autres balles de différents modèles furent alors
essayées. Celle qui est représentée par la fig. n° 4 promettait
beaucoup; elle était munie de saillies qui devaient s'adapter
aux rayures, de sorte que sa position dans l'arme ne dépendait
pas seulement de son expansion; sa partie antérieure en forme
de cône lui donnait une grande puissance pour fendre l'air; on
avait diminué la profondeur du culot de fer pour empêcher
comme dans la balle Minié, qu'il ne traversât la balle de plomb.

On essaya alors la balle n° 5 et en apparence elle eut quelques avantages sur la balle conique n° 2. Il est à remarquer
que cette balle garde une position ferme dans les rayures du
canon et que le vide en forme de cône à la partie postérieure
de la balle prend une expansion telle qu'il intercepte les fuites
de gaz quand on fait feu quelque libre que soit la balle pendant la charge.

En conséquence on étudia la balle n° 5 dans le but de la per-

---

[1] Ici l'auteur a été induit en erreur en indiquant sa balle n° 3 comme
étant la balle de M. Minié. Disons franchement qu'elle ne lui ressemble en
aucune façon, et qu'il ne faut pas s'étonner si les résultats ont été si
mauvais.

fectionner. C'est ainsi qu'on trouva la balle n° 6 qui fut définitivement adoptée.

La balle n° 6 est très-bonne et a de très-bons résultats à
1,200 yards et peut-être à de plus grandes distances. Sa forme
pointue lui fait fendre l'air avec une force telle qu'à 1,200 yards
sa vélocité progressive n'est pour ainsi dire pas réduite et même
qu'à 1,400 yards elle fait son explosion avantageusement (balle
obuse.)

Ces remarques furent envoyées aux autorités militaires et un
comité d'officiers d'artillerie fut chargé d'en faire un rapport.

Le comité, sans aucun doute, procéda avec la plus grande
impartialité; mais, soit qu'il ne tînt aucun compte de mes explications ou pour toute autre cause qu'il est inutile de détailler
ici, il tomba dans une foule d'erreurs qui rendirent l'enquête
inutile.

Le seul essai qui ait été fait de ma carabine et de la carabine
ordinaire à deux rayures portait sur la balle ronde d'un côté et
de l'autre côté sur la balle à deux bandes.

Il a été démontré alors, qu'avec la balle ordinaire de la carabine à deux rayures, le nombre de coups tirés dans un temps
donné était dans la proportion d'environ 10 sur 1 en faveur de
la carabine à 4 rayures.

Le plus ou moins de difficulté à charger est de la plus grande
importance; le comité cependant n'en tint aucun compte. La
carabine envoyée par moi avait été faite dans le but seul de
faciliter la charge. Sous d'autres rapports elle n'était ni meilleure ni plus mauvaise que les armes alors en usage dans
l'armée.

Les autres perfectionnements retombaient sur la forme de la
balle et par conséquent étaient les mêmes pour les deux carabines.

Je dois cependant faire une exception pour la balle n° 2 ou toute autre balle de même forme. Cette balle, n'étant pas forcée dans le canon, n'a aucun bon résultat dans la carabine à 2 rayures si l'axe de la balle ne coïncide pas avec l'axe du canon.

Le comité procéda donc à ses essais en comparant ma carabine à celle à 2 rayures et en *employant les mêmes balles* pour ces deux armes; on conclut que les différences entre elles étaient purement accidentelles, ainsi que cela arrive à deux armes de même construction.

Le résultat de ces essais fut loin d'être heureux, au contraire, avec les meilleures intentions, il n'aboutit à rien.

Les armes employées étaient du calibre de l'ancien mousquet, trop légères pour le diamètre de ce calibre et incapables de lancer un projectile dans de bonnes conditions, de sorte que l'on n'obtint ni forte pénétration ni grande distance.

Leurs essais à 800 yards donnaient de plus mauvais résultats que les essais comparatifs à Jacobabad à 1,200 yards avec la balle de plomb seulement.

Ces essais auraient eu probablement de meilleurs résultats si le comité avait été composé d'hommes versés dans la partie et connaissant l'arme et si l'*inventeur* avait été présent pour leur donner des explications.

Pour en citer un exemple, le comité fit les essais en fixant les carabines dans un banc d'une manière inébranlable, croyant par là constater le résultat d'une manière positive.

L'expérience démontre au contraire qu'on obtient de meilleurs résultats en épaulant seulement l'arme qu'en la fixant dans un banc ou étau d'épreuve.

Je fis construire différents bancs d'épreuves pour carabines, et à mon grand étonnement je découvris bientôt qu'on ne pouvait en obtenir d'aussi bons résultats que par l'épaule.

9

J'en découvris la cause en touchant et examinant soigneusement le canon pendant qu'il faisait feu. Le métal vibrait comme une cloche. La vibration n'était pas visible à l'œil et le canon après le feu paraissait dans la même position qu'avant; mais la rapidité des vibrations devait naturellement agir sur la balle et la lancer à droite ou à gauche d'une manière irrégulière et incertaine. Prenez un ressort d'acier, tenez-le en main et vous parviendrez difficilement à le faire vibrer. Mettez au contraire le même ressort dans un étau et la moindre secousse le fera vibrer rapidement. De même la carabine tirée à l'épaule se dérange probablement; mais le mouvement est lent et n'agit pas sur le projectile d'une manière aussi sensible que la *vibration du métal lui-même*. Ce qui n'a pas lieu lorsque l'arme est fixée, mais pas d'une manière inébranlable.

Ceci semble curieux au premier abord et cependant le fait constaté plus haut est exact. Dans les expériences faites par le comité, les armes étaient réglées d'après la hausse des artilleurs; cette manière de procéder n'est pas applicable pour les petites armes. La meilleure méthode pour les régler est la hausse avec curseur tant pour l'armée que pour le tir d'expérience.

La balle n° 6 dont j'ai parlé plus haut est d'une forme parfaite aussi longtemps qu'elle conserve sa partie pointue en avant. Avec une charge de poudre égale à un quinzième du poids de la balle ou moins on obtenait une forte pénétration et à une distance de 1,000 yards un bon tireur plaçait sa balle, pour ainsi dire coup pour coup, dans un cercle de quatre pieds de rayon.

Jusqu'alors on ne trouva rien de mieux; mais bientôt, on construisit des carabines plus lourdes en proportion des calibres 16, 24 et 32, et on essaya les balles avec de plus grandes charges;

on supposait pouvoir leur donner une rapidité égale à celle de
la balle ronde ordinaire. Cependant, il fut prouvé, par l'expérience, qu'il y avait erreur ; mais une nouvelle loi vint ressortir
aussitôt. Une très-légère augmentation de charge déforma la
balle sous la pression des gaz de la poudre ; de sorte que la
balle n° 6 sortit du canon sous la forme démontrée au tableau
des projectiles du lieutenant-colonel John Jacob (n° 6 *bis*).

On voulut remédier à cet inconvénient en allongeant la balle
qui fut augmentée à deux et demi et trois diamètres, et en faisant un creux, à la partie postérieure de la balle comme à celle
de Minié. On employa également des bourres de différentes manières ; tout fut sans résultat.

On trouva qu'il était tout à fait impossible d'empêcher le
plomb de se déformer sous la pression de la poudre égale à un
huitième du poids de la balle. Les balles de trois fois le diamètre en longueur, des carabines du calibre 24, dont la partie
antérieure était de la forme de la balle n° 6, sortirent du canon
sous la forme ci-dessus démontrée.

Ces balles étaient les meilleures de toutes les balles de plomb
et avaient une portée mortelle à 1,600 yards et plus ; mais,
comme de juste, tous les avantages de la forme pour résister à
l'action de l'air étaient complétement perdus.

On essaya donc les balles à pointes d'acier de Manton ; mais
elles étaient plus mauvaises encore que les autres ; le plomb
était écrasé d'un côté d'une manière irrégulière, et la balle
prenait une mauvaise direction.

On avait donc atteint la limite de la force des balles de plomb ;
pour obtenir mieux, il était nécessaire de trouver un moyen
de faire des balles de plomb avec la partie antérieure capable
de soutenir la pression d'une forte charge de poudre, sans que
cette partie changeât de forme et conserver ainsi la forme

pointue pour résister à l'action de l'air ; de là dépend la grande précision à de fortes distances ; il s'agissait aussi de trouver une matière tendre pour la postérieure de la balle de manière à empêcher l'échappement des gaz.

Le problème fut bientôt résolu ; la partie antérieure de la balle fut coulée en zinc dans un moule séparé.

Ces pointes en zinc ou en fer furent placées après dans un moule et le plomb fondu pour compléter la balle.

J'avais cru d'abord que le plomb aurait débordé la pointe de zinc ; mais, après essai, j'ai dû convenir qu'aucune balle ne donnait d'aussi bons résultats.

Les balles, calibre 24, augmentées de longueur à deux et demi ou trois fois le diamètre (principalement ces dernières) donnaient des résultats magnifiques à 2,000 yards ; ce qu'on n'avait jamais obtenu jusqu'alors.

Sous la pression des plus fortes charges, la forme de la pointe de zinc ne fut jamais altérée et sa pénétration était énorme ; à 2,000 yards, elle s'enfonçait de quatre pouces et à 1,000 à 3 fois cette profondeur dans un mur de briques très-dures.

Le lieutenant-colonel John Jacob se sert pour charger sa carabine d'un calepin en coton très-mince, bien lavé et très-bien graissé.

CHAPITRE VIII.

ARMES A CULASSE MOBILE.

Nous donnons ici quelques mots sur les armes à culasse mobile, employées comme armes de guerre.

La première arme de ce genre date de 1540; il semble, d'après la chronique, qu'elle fut inventée par Henri II, roi de France.

1663. — Il existe un fusil à culasse mobile s'ouvrant sur le côté par le moyen d'une charnière.

1751. — La Chaumette propose un fusil à charger par la culasse.

Nous donnons à la fin de ce chapitre la nomenclature de la plupart des armes de ce système qui ont été expérimentées en présence des commissions d'artillerie de divers pays.

Selon nous, il sera difficile à cette espèce d'armes de s'intrôniser dans les armées.

Pour le moment, elle n'est guère admissible que pour les corps spéciaux, où la rapidité du tir doit suppléer au petit nombre d'hommes, dont ils sont composés; elle peut rendre d'éminents services à l'artillerie, pour défendre ses pièces, ainsi qu'au Génie pour se garder convenablement dans les travaux de mines et dans les tranchées en cas de surprise; le Train des équipages s'en servira avantageusement dans les rencontres ou s'il vient à tomber dans une embuscade.

Avec le mousqueton actuel, les feux de la cavalerie sont insignifiants; il n'en serait plus de même, si on lui substituait l'arme à charger par la culasse; ses feux deviendraient nourris et dans certains cas produiraient de grands ravages dans les rangs massés de l'infanterie; ils lui procureraient de grands avantages pour l'enlèvement d'une batterie.

On ne peut disconvenir des services notables que cette arme rendrait dans une infinité de situations.

Nous nous demandons s'il est bien démontré qu'on doive la généraliser pour toute l'infanterie d'un pays, et quelles en seraient les conséquences; c'est ce que l'avenir et la pratique décideront.

Comme force individuelle, la supériorité lui est incontestablement acquise, il en sera de même pour la défense des places de guerre, des forts, des blockhaus, des tranchées, des brèches, des ponts et des défilés, enfin partout où la rapidité des feux doit suppléer au nombre.

Cette grande facilité que trouve le fantassin à charger son arme le pousse malheureusement à prodiguer ses munitions sans nécessité comme sans raison. Le trouble qui accompagne toute action sanglante, ne lui permettant pas la réflexion, il brûle sa poudre trop promptement et se trouve pris au dépourvu, quand vient le moment décisif (*malgré les ordres les plus sévères de ses chefs*). Le tir précipité est le grand avantage, mais il est aussi le vaste inconvénient des armes qui se chargent par la culasse.

Ajoutez à cela la position en pays ennemi, l'épuisement des

munitions, le temps précieux perdu à les faire arriver sur les lieux du combat, et l'on aura une faible idée des inconvénients de ces armes. Cependant une vérité plane au-dessus de toutes ces considérations, et cette vérité est d'un poids formidable dans la balance.

Dans un moment donné, la victoire peut dépendre d'une action vive, d'un feu nourri, répété. Ici l'arme à culasse est la clef de la bataille; et les régiments qui en sont munis peuvent donner le dernier coup du conflit.

Admettons maintenant la supériorité de ces armes bien reconnue : qu'en résultera-t-il, sinon son adoption par toutes les nations civilisées, sauf à reconnaître plus tard, trop tard peut-être, que les dépenses en argent et les pertes en hommes seront au delà des ressources possibles? Tout fait espérer que les gouvernements y regarderont à deux fois, avant de s'engager dans une pareille voie ; elle finirait par les entraîner vers leur ruine.

Jusqu'à ce moment peu de ces armes sont en service.

La Prusse a le fusil à aiguille, arme inventée en 1835 par l'armurier Duysé de Sommerda. La Suède et la Norwége ont aussi un fusil à charger par la culasse, celui de la Suède n'est autre que le fusil norwégien perfectionné par M. de Feilitzen, officier de la Marine suédoise.

Nous ne connaissons pas d'autres nations qui en fassent usage, à moins que ce ne soit comme arme de rempart. Il y a aussi en France le fusil des Cent gardes et en Amérique la carabine Scharps.

A ce sujet, qu'il nous soit permis de dire notre façon de penser sur ce qui se passe en Prusse : Cette nation semble faire un pas en arrière, en adoptant la carabine Minié au lieu du fusil à aiguille, que les commissions militaires de ce pays voulaient : on dit que l'initiative de cette sage mesure est due à Sa Majesté Frédéric-Guillaume IV, roi de Prusse. Nous ne pouvons l'affirmer ; mais s'il en est ainsi, plus tard ce pays sera reconnaissant à son souverain d'avoir usé de son autorité pour le renouvellement ou la transformation de l'armement de ses troupes, bien plus convenable et plus sûr.

Pour entreprendre une campagne au dehors, le fusil à aiguille serait tout détraqué après un certain temps. Quoique simple, son mode de chargement au milieu d'une action, présente des difficultés infiniment plus grandes, que le système Minié, son amorce et sa cartouche sont aussi plus difficiles à établir. On m'objectera que la balle Minié veut un culot en fer. Je répondrai qu'il n'est en aucune façon utile ; qu'on remplace ce projectile par la balle de l'infanterie belge ou par la balle Charrin ou, enfin, par ma balle creuse évasée en forme d'entonnoir et tout sera dit. Laisser le fusil à aiguille entre les mains de quelques bataillons choisis, afin de pouvoir les utiliser au besoin dans des positions exceptionnelles, est, croyons-nous, ce que l'on peut faire de mieux ; mais pas au-delà.

Lorsqu'on sera parvenu à créer un fusil qui remplira convenablement les deux buts, c'est-à-dire pouvant se charger par la bouche et la culasse, alors, seulement alors, il sera permis de l'admettre pour toute l'infanterie.

La maison Auguste-Francotte de Liége, si justement renommée pour ses armes de guerre, et surtout pour l'arme Minié, dont elle possède le brevet et les machines à rayer, frise de bien près ce fusil ; seulement, il lui faut un projectile de deux grosseurs différentes. Espérons qu'elle surmontera cette difficulté, et que tous les gouvernements doteront leurs armées de ce fusil. Le fusil anglais de M. Prince's semble devoir l'emporter sur la plupart de ceux de ses devanciers d'une manière toute victorieuse. Il faut, comme au mousqueton-Francotte, mettre la capsule sur la cheminée, mais il s'ouvre et se referme par un levier qui se trouve en dessous et en avant du pontet de sou-garde qui fait avancer et reculer le canon, qui se déboîte et se remboîte sur sa culasse. Le fusil du système Rièra, est une arme qui remplirait aussi un but à peu près analogue, quoique ne se chargeant que par la bouche; mais il lui faut une car-touche convenable, son projectile actuel étant impropre pour la guerre.

Liste de quelques armes à culasse mobile ayant été expérimentées par les commissions d'artillerie de divers pays.

Fusils du Maréchal de Saxe, Tourette de Saint-Étienne, Pauly, Robert, Le Roy, Lefaucheux, de rempart français du modèle 1831, Charroi, J^h Montigny, Pierre Montigny, Norwégien, Suédois en usage dans la marine, à aiguille des Prussiens, Clerville, Treuille, Thomas, Rièra, Prince's, etc.; mousqueton-Lepage, Scharps, à amorçoir, Gilby's, à amorçoir, Anglais, Gillet de Liége, Potet, etc.

Expérience faite avec les armes à culasse mobile de M. Prince.

Le 25 novembre 1856, M. Prince a fait à Bruxelles, en notre présence et celle de M. le baron de Gaugler, ex-officier aux chasseurs de Vincennes, ainsi que de plusieurs militaires du régiment d'élite belge, un essai de la carabine et du mousque-ton de son système.

Cette expérience a démontré que le maniement de ce genre d'arme était facile, même pour le soldat le moins intelligent;

le tir en est rapide et présente une grande précision ; sa portée, d'après le rapport de l'inventeur, est d'environ 15 à 1800 mètres ; les blessures à cette distance sont encore très-dangereuses et souvent mortelles.

Nous avons tiré une cartouche qui avait été mise dans un verre d'eau pendant trois quarts d'heure ; elle est partie avec la même rapidité d'inflammation que les autres qui n'avaient pas subi cette immersion.

Le recul de ces armes est peu sensible, il est loin d'être comparable à celui des carabines à tiges et des fusils rayés, dont on se sert dans la plupart des armées de l'Europe.

Nous avons ouvert une cartouche où nous avons trouvé une charge de 5 grammes de grosse poudre à grains anguleux.

Le projectile est cylindro-conique, a quatre cannelures circulaires sur la partie cylindrique, il pèse 30 grammes et demie, sa longueur totale est de 30 millimètres, dont 20 pour le cône et 10 pour le cylindre ; son diamètre le plus grand est de 15 millimètres ; l'enveloppe est indistinctement en papier préparé par l'inventeur ou en papier ordinaire. Le papier préparé est rendu imperméable, ce qui ne l'empêche pas de brûler avec une grande rapidité, il a de plus l'avantage de ne laisser aucun résidu dans le canon après le coup de feu. (Seulement, nous nous demandons s'il est bien prudent de se servir d'un papier aussi inflammable pour envelopper des munitions de guerre, c'est ce que nous n'admettons pas ; nous sommes d'avis qu'aucune commission militaire n'osera l'adopter.)

Les armes qui ont servi à cet essai étaient les premières faites par les soins de l'inventeur ; la carabine était à trois rayures et le mousqueton à cinq ; leur construction est simple et facile à exécuter et n'offre aucune difficulté au soldat pour son maniement. M. Prince y a adapté sur le pontet de sougarde un petit verrou servant de sûreté, il empêche le bras de levier de quitter sa position, lorsque l'arme est fermée.

Ce système d'arme a, comme celui de M. Francotte pour le mouvement d'ouvrir et de fermer l'arme, beaucoup d'analogie avec le fusil à aiguille des Prussiens; seulement il fonctionne en dessous en avant du pontet de la sougarde, tandis que celui de M. Francotte agit en dessus et en arrière de la platine; ces deux armes sont munies de la cheminée comme le fusil percutant ordinaire.

Le fusil de M. Prince est bien supérieur au fusil prussien et ne présente aucun des inconvénients de dégradations de ce fusil. Nous ne doutons pas de son succès pour la cavalerie et l'artillerie. Mais reste à savoir si jamais les gouvernements se décideront à le généraliser pour toute l'infanterie; je ne le crois pas. Les dépenses en munitions et en hommes sont là!!

CHAPITRE XIV.

—

ˋ GONIOMÈTRE ET TACHIMÈTRE DELHAYE.

Goniomètre-Delhaye. — Cet instrument peut être mis au rang des goniomètres *les plus utiles* de la topographie expéditive, tant par l'exactitude inhérente à son application, que par la promptitude avec laquelle il permet d'opérer.

Il se compose de deux règles AB, CD, réunies par une charnière. Lorsqu'on veut rapporter un angle sur le papier, on fixe, au préalable, les règles au moyen de la vis de pression V. Un miroir KF est fixé sur l'une des règles; l'autre règle porte une visière qui tourne sur un axe : le miroir et la visière sont placés perpendiculairement au plan des règles. La pointe de l'aiguille 1, fixée à l'extrémité de la règle AB, qui est au-dessous du miroir, sert à diriger le rayon visuel sur un objet. La fente GH, pratiquée dans la visière, permet, en plaçant l'œil convenablement, de prendre des angles situés dans un plan oblique, tout en maintenant l'instrument horizontalement. La règle portant le miroir est divisée sur chacun de ses bords, à l'effet de servir d'échelle et de pouvoir déterminer, sur le dessin la longueur des côtés des polygones; l'un des bords de cette règle est divisé en millimètres et sert à la réduction des mesures au mètre; l'autre est divisé en $^3/4$ de millimètre et sert pour les levés au pas de 75 centimètres.

Le principe sur lequel repose cet instrument, est le même que celui du Tachymètre du même auteur; cependant les résultats sont différents, le Tachymètre-Delhaye, donne les suppléments des angles, tandis que cet instrument reproduit les angles mêmes; pour obtenir ce résultat on a placé le plan du miroir perpendiculairement à l'axe de la règle qui la porte.

Tachymètre Delhaye. — Nous avons signalé le Tachymètre-Delhaye dans notre *Traité du fusil de chasse*, p. 337, en 1854, époque à laquelle fut publié la 2e édition de ce livre; nous n'avions pas opéré avec cet instrument, néanmoins, les rapports que l'on nous en avait faits, nous mîmes à même de le désigner comme étant d'une haute utilité pour mesurer exactement les grandes distances. Aujourd'hui que nous avons fait nous-même des expériences avec son inventeur, nous pouvons affirmer que son exactitude est parfaite et qu'il faut peu de temps pour s'assurer d'une distance de 12 à 1,600 mètres et même beaucoup plus grande, puisqu'on peut opérer à des distances quelque grandes qu'elles soient, pourvu que l'on ait le 10e de cette distance pour base. Du reste, son auteur est un officier d'un grand mérite, sous tous les rapports. Nous prenons la responsabilité de recommander chaleureusement les deux instruments dont nous donnons ici la description et le dessin.

Cet instrument qui est incontestablement supérieur à tous ceux destinés à remplir le même objet, est aussi appelé à rendre de grands services à la topographie expéditive : a-t-on, dans les itinéraires, à rattacher, à la route qu'on parcourt, divers points, on pourra le faire sans perte notable de temps, ainsi que le démontre M. le sous-lieutenant Van Severen, au nº 40 du *Journal de l'armée Belge*; et, comme il est d'ailleurs facile de s'en convaincre par la théorie de l'instrument.

DESCRIPTION DU TACHYMÈTRE. — Cet instrument se compose de trois règles *ab, er, gp; ab* porte un miroir, *kc.*, à l'une de ses extrémités, dont le plan est perpendiculaire à celui de la règle. Au-dessous du miroir et aux deux tiers de son épaisseur, il se trouve une aiguille *i*, destinée à être dirigée sur un objet, en faisant passer le rayon visuel par le fond de l'entaille *v* ou *u*, de l'une des visières placées à l'extrémité de chacune des règles *er, gp*.

Ces règles se meuvent sur des axes *t, s,* et décrivent des plans parallèles entre eux, et, par conséquent, perpendiculaires au miroir. Les règles sont divisées, et, pour obtenir ces divisions, on a porté sur chacune d'elles, à partir de l'axe de chaque règle, des longueurs égales à celle qui sépare les centres *t* et *s* de ces règles. Les chiffres 1, 2, 3 . . . ., 10 indiquent ces divisions, qui ont ensuite été subdivisées chacune en dix parties égales. Les visières *v* et *u* sont aussi perpendiculaires aux plans que décrivent les règles.

MANIÈRE D'OPÉRER. — Supposons que vous vouliez connaître la distance du point Z, fig. 2; cherchez, dans une direction qui ne fasse pas un angle trop aigu ou trop obtus avec celle *iz*, un point saillant, quelqu'éloigné qu'il se trouve.

Soit B ce point [1]. Dirigez le rayon visuel par le fond de l'entaille pratiquée dans la visière de la plus courte des deux règles graduées, amenez l'image du point Z au-dessous de la

---

[1] Si le point dont on veut mesurer la distance était placé à la droite de l'observateur, au lieu de se trouver à sa gauche, il faudrait retourner l'instrument avant d'opérer.

pointe de l'aiguille, et faites mouvoir convenablement cette règle et celle portant le miroir, au moyen de leur charnière commune; afin d'amener la pointe de l'aiguille et l'image du point Z dans la direction de B.

Cette première observation terminée, dirigez-vous sur le point B, en comptant les pas, et parcourez, sur cette direction, une distance au moins égale à la dixième partie de la longueur iz; admettez que vous soyez arrivé en i', et que vous ayez marché cent pas [1]. Arrivé à ce second point de station, servez-vous de la plus longue des deux règles graduées, et faites une seconde observation, en employant les mêmes moyens que pour faire la première; en ayant soin, pour éviter de déranger la règle la plus courte, de faire mouvoir la longue en la tenant par son extrémité d, fig. 1; lisez ensuite sur la petite règle ou sur la grande, selon que vous vouliez connaître la distance du point Z à la première ou à la seconde station, la division où ces règles se coupent, et multipliez le nombre obtenu par celui des pas parcourus sur la bas ii'; le produit vous donnera la distance cherchée [2].

Afin de mieux comprendre l'explication qui précède, considérez l'instrument que représente le dessin, et remarquez qu'il est construit de manière à ce que le bord gp, de la règle supérieure, passe par l'axe sur lequel tourne cette règle, et que sur la règle inférieure, on a tracé une ligne er qui passe aussi par son axe; d'où il suit que c'est l'intersection du bord de la règle et de la ligne qui détermine le point où vous devez faire la lec-

[1] La longueur de la base $i\,i'$ ne peut pas être plus petite que la dixième partie de iz, mais il est avantageux qu'elle soit plus grande.

[2] Si les règles ne se coupaient pas, ce serait une indication que le point Z est éloigné de plus de dix fois la base.

ture, et qui est, dans ce cas, de 3 unités, 7 dixièmes pour la distance de la première station, et de 4 unités, 0 dixièmes, pour celle de la seconde. En multiplant ce nombre par celui des pas que vous aurez marché sur la base, vous obtiendrez la distance du point Z à chacune des stations.

DÉMONSTRATION DE LA THÉORIE SUR LAQUELLE REPOSE LE PRINCIPE DU TACHYMÈTRE. — Fig. 2. — Soit Z le point dont on veut connaître la distance, B le point pris en avant de soi, it, $i't'$ les projections horizontales de la règle portant le miroir, sp, $s'p'$ et tr, $t'r'$ les projections des règles graduées, cela posé, le supplément de l'angle compris entre les droites Zi et iB est égal à l'angle $i\,s\,p$, compris entre les règles is et sp de l'instrument, c'est-à-dire qu'on aura $Zip = isp$.

Remarquez d'abord que le fond de l'entaille de la visière de chaque règle, est éloigné de l'axe de cette règle, d'une quantité égale à celle de ce même axe à la pointe de l'aiguille, d'où $is = sp$; et par suite $sip = spi$. Mais les angles d'incidence et de réflexion oiz et sip, sont aussi égaux, ainsi que oii' et sip, opposés par le sommet; donc les quatre angles spi, sip, $i'io$, oiz sont égaux entre eux. Si, de la somme des trois angles du triangle sip, on retranche les deux angles spi et sip, et que de la somme de tous les angles d'un même côté de la droite pi' on retranche les deux angles $i'io$ et oiz, il restera $zip = isp$. En passant de la première station à la seconde, la position relative des règles ps et si ne change pas, d'où l'angle psi devient $p's'i'$; donc l'angle $xs't'$, supplément de $p's'i'$ est égal à l'angle zii' supplément de zip; donc l'angle $xs't'$ du triangle que forme l'instrument est égal à l'angle zii' du triangle du terrain.

Par le raisonnement qui a servi à démontrer que l'angle psi est égal à l'angle zip, on prouverait aussi que l'angle $xt'i'$ est égal à $zi'i$; donc les deux angles $xs't'$ et $xt's'$ du triangle que forme l'instrument, sont respectivement égaux aux deux angles zii' et $zi'i$ du triangle du terrain; d'où il suit que les côtés homologues sont proportionnels et qu'on a : $xs' : zi = xt' : zi' = s't' : ii'$; et on déduit de cette progression

$$s't' : ii' = xs' : zi \text{ puis } zi = \frac{xs' \times ii'}{s't'}$$

on y trouve aussi :

$$s't' : ii' = xt' : zi' \text{ puis } zi' = \frac{xt' \times ii'}{s't'}$$

Mais comme $s't'$ a servi d'unité pour la division des règles, on peut le supprimer, et les équations deviennent :

$$zi = xs' \times ii'$$
$$\text{et } zi' = xt' \times ii'$$

Ce qui fait voir qu'en multipliant le nombre de pas, comptés sur la base, par le chiffre indiqué sur l'une des règles, on obtient le côté du triangle du terrain homologue à cette règle.

DELHAYE,

Capitaine aux carabiniers,
actuellement major au 12e de ligne.

Bruxelles, le 7 juillet 1855.

TEMPÉRATURE. — La température force parfois le tireur à opérer des changements dans la graduation des charges, soit parce que l'humidité de l'atmosphère se sera communiquée à la poudre, soit que l'air se trouve chargé de vapeurs tellement épaisses qu'elles entravent la marche du projectile; soit que par les temps secs et chauds, les résidus de la poudre comburée engendrent, en se séchant vite, un prompt encrassement de l'arme; nous laissons à l'intelligence de l'amateur le soin d'apprécier comment il devra remédier aux déviations que la température est susceptible de causer dans le tir des armes de précision.

Le soldat ne peut y remédier que par la hausse, attendu que la charge de poudre est invariable.

De l'Air et du Vent. — Nul ne l'ignore : si ce n'était la force d'attraction de la terre et la résistance de l'air, un corps quelconque, lancé dans l'espace, prolongerait son cours à l'infini.

Pour donner au lecteur une idée de ce que peut l'air contre la marche du projectile, nous dirons qu'il résulte de certaines expériences faites à Saint-Pétersbourg, en l'année 1771, qu'un projectile lancé dans le vide acquiert 34 fois plus de portée que celui qu'on projette dans l'air libre, par un temps calme, les autres conditions du tir restant les mêmes. — De tous les agents extérieurs qui peuvent causer des déviations, l'air est donc un des principaux; mais attendu que les principes généraux du tir sont établis d'après la connaissance de cette action pernicieuse, nous ne nous étendrons pas davantage sur ce sujet.

Le vent n'est autre chose qu'un déplacement plus ou moins brusque, plus ou moins violent, d'une partie de l'atmosphère, par suite de causes dont nous n'avons pas à nous occuper ici. Or, si à l'état ordinaire l'air influe sur la marche d'un projectile, combien, à plus forte raison, ce projectile ne doit-il pas être perturbé alors que l'air a acquis accidentellement une force beaucoup plus considérable !...

Le vent agit sur le tireur de façon à lui faire perdre une

partie de son équilibre; il agit aussi sur l'arme, lorsqu'elle est à l'enjoue, de manière à déranger son aplomb; enfin, il agit sur le projectile lui-même, moins activement il est vrai, mais pourtant assez pour que les déviations qu'il détermine soient sensibles. Afin de pouvoir neutraliser ces dernières déviations, on devra se remémorer ce que nous avons dit ailleurs : si le vent est opposé au projectile, la marche de ce dernier se ralentira, et il s'inclinera lui-même d'autant plus vite vers le sol, que le vent sera plus énergique; si le vent souffle dans la direction du projectile, ce dernier sera légèrement soulevé dans son trajet, et son parcours en sera tant soit peu augmenté; puis en définitive, que le vent souffle de droite ou de gauche, le projectile recevra une impulsion dans le même sens. — Remarquons, en passant, que ces causes ont une influence d'autant plus grande sur un projectile quelconque, que celui-ci aura moins de chasse et sera plus léger.

Lumière. — Le soleil est un astre trompeur en fait d'optique; aussi, vient-il souvent déranger les meilleures combinaisons du tireur, par la fausse direction qu'il fait prendre à la ligne de mire, et nous engageons les personnes qui se livrent à la pratique des armes de précision, à se défier de ses effets.

L'expérience démontre que lorsqu'un des côtés de l'arme est éclairé par des rayons lumineux, tandis que l'autre côté reste dans l'ombre, il se produit les illusions suivantes : si la lumière vient de gauche, le centre de la visière nous apparaît plus à gauche qu'elle ne l'est réellement; alors croyant bien établir sa ligne de mire, le tireur dirige le guidon trop à droite : d'où déviation à droite; si la lumière vient de droite, c'est le contraire qui a lieu : d'où déviation à gauche. Le tireur ne parviendra à neutraliser ces fâcheux effets de la réfraction, qu'en ajustant un peu à gauche, si la lumière éclaire le côté gauche de

son arme, et un peu à droite, si c'est le côté droit de son arme
que viennent frapper les rayons solaires.

Sol. — L'emplacement sur lequel se trouve le tireur au moment de faire feu, de même que les accidents de terrain qui
l'avoisinent, occasionnent parfois des déviations dont on doit
bien se garder de ne point tenir compte.

Sans entrer dans de longs raisonnements touchant les lois
de la pesanteur et la résistance de l'air, nous nous bornerons
à rappeler les principes suivants : 1° lorsque le bout du canon
est dirigé au-dessous de l'horizontale, la trajectoire affecte la
forme d'une courbe très-tendue, et quand il est dirigé au-dessus, la trajectoire décrit une courbe moins allongée, c'est-à-dire
que dans le premier cas, le projectile tend à monter, tandis que
dans le second il tend à descendre ; 2° le rapprochement du sol
rend à l'air son élasticité et accroît sa résistance en un sens
opposé à la chute du projectile, c'est-à-dire fait monter le coup ;
3° l'eau opposant moins de résistance au déplacement de l'air
que le sol, elle permet à la force de la pesanteur de s'exercer
plus librement sur le projectile, c'est-à-dire qu'elle fait descendre le coup.

Il résulte de ce qui précède, que si le but est plus élevé que
le tireur, on devra tirer haut ; si le but est moins élevé que le
tireur, on devra tirer bas ; plus un coup de feu sera tiré à ras
de terre, plus on devra tirer bas ; plus un coup de feu sera tiré
au-dessus du sol, plus on devra tirer haut ; enfin tout coup de
feu tiré au-dessus d'une pièce d'eau ou d'une colline, devra être
tiré haut. Remarquons que ces diverses modifications dans le
tir, doivent être peu sensibles.

*Instrument pour connaître l'inclinaison des rayures ou pour mieux
dire Le Pas.*

Pour relever l'inclinaison des rayures dans l'intérieur du
canon, on se sert d'un appareil composé d'une tringle en fer à
section carrée assez longue pour pouvoir descendre au fond de
l'âme et portant des divisions métriques ; elle est terminée par
deux griffes, qui changent avec la forme des rayures devant y
pénétrer. Enfin la tringle passe au milieu d'un disque gradué
qu'on peut fixer solidement à la bouche de l'arme [1].

On fixe à la tige une aiguille et en faisant descendre cette
tige dans le canon, les griffes la font tourner en suivant les
hélices et l'aiguille trace, sur le disque, un arc qui permet d'éva-
luer le nombre de tours ou le pas.

[1] Au moyen d'un manchon à tige de pression et à coussinet.

CHAPITRE XV.

REVOLVER MANGEOT-COMBLAIN

considéré comme arme de guerre et de défense.

Nous ne prétendons pas, dans ces quelques lignes, faire l'historique des revolvers; il nous suffira de dire que cette espèce d'armes était déjà connue dès le xve siècle.

Notre but est seulement de présenter, en peu de mots, le mérite de chacun des trois mouvements déterminant le feu de ces armes.

Le succès de l'arme du colonel Colt dans la guerre du Mexique, ainsi que dans les combats partiels, suites inévitables des divisions intestines de la Californie; les résultats obtenus par le système Adams et Deane, en Crimée, engagèrent les hommes de guerre et les inventeurs, à faire des recherches pour parvenir à la confection d'une arme qui s'appropriât aux besoins de l'attaque et de la défense, dans les circonstances les plus difficiles d'un contre plusieurs. Sextupler pour le moins la puissance de l'homme à pied ou à cheval, tel est l'avantage de la plupart des nouveaux systèmes qui occupent notre attention.

1° *Armes à mouvement intermittent.* — Le Colt, le Joseph Lang, le Comblain, le Devisme, le Herman, le Rissack, celui de Lefaucheux, se chargeant par la culasse et une infinité d'autres du même genre.

2° *Armes à mouvement continu.* — L'Adams-Deane, le Barnett, le Westley Richard, le Loron, et celui de poche de Mariette, formant une gerbe ou un faisceau de canons.

3° *Armes à double et même à triple mouvement.* — Le Mangeot-Comblain et l'Adams-Deane, ce dernier avec complication.

Disons franchement que toutes ces armes sont excellentes pour la défense, mais proclamons hautement que l'arme à révolution continue l'emporte de beaucoup sur celle à révolution intermittente ; avec elle on est toujours prêt à faire feu des cinq, six ou huit coups, s'il y a urgence. Cependant il ne faut pas croire que cette espèce d'arme soit parfaite, son mouvement étant opposé à la précision du tir, suite du long parcours que doit décrire la détente pour déterminer le feu. Les imperfections de chacun des systèmes ci-dessus nous ont conduit à associer nos idées à celles de Comblain, afin d'arriver à confectionner une arme réunissant les qualités de chacune de celles que nous venons de citer, tout en les améliorant et les simplifiant.

Le Mangeot-Comblain présente malgré la simplicité de son mécanisme, tous les avantages désirables à la rapidité et à la justesse du tir ; en outre, cette arme est d'une grande solidité et, par cela même, n'est pas exposée à de promptes et inévitables réparations. On peut l'employer comme arme de guerre pour la cavalerie, l'artillerie, le génie, le train des équipages et

la marine. 1° Pour la cavalerie, elle remplace le mousqueton,
arme très-gênante et de peu d'utilité; 2° pour l'artillerie, elle
facilite la défense des pièces, en permettant avec peu d'hommes
de faire un feu très-nourri et excessivement meurtrier; 3°, le
génie trouvera dans son emploi les moyens propres à une
défense énergique dans les tranchées ou dans les travaux de
mines, en cas d'attaque imprévue; 4° le train des équipages y
puisera, dans la conduite des convois, la même force de résistance que l'artillerie pour la défense de ses pièces; la marine,
dans un cas d'abordage, en obtiendra les résultats les plus
foudroyants; elle lui sera de la plus grande utilité dans les des-
centes à terre, etc.

Le Mangeot-Comblain devient une bonne fortune pour les différents corps d'officiers, dont l'armement est resté jusqu'à ce
jour insuffisant et vicieux.

L'officier d'état-major ou de cavalerie, qui est envoyé en
ordonnance, porteur d'un ordre ou dépêche, peut tomber dans
une embuscade; le Mangeot-Comblain lui permet de lutter avec
avantage contre plusieurs hommes à la fois et le met à même
de se tirer du mauvais pas où il se trouve; avec cette arme,
point de surprise : la rapidité de son feu répond en quelque
sorte à la rapidité de la pensée. — L'officier d'infanterie est-il
envoyé en détachement, ou va-t-il faire une reconnaissance? au
moyen d'un Mangeot-Comblain, il est convenablement armé
pour ce genre de service, soit en imposant aux siens en cas de
rébellion, soit dans une attaque imprévue. Est-il chargé de
s'emparer d'un retranchement, d'une redoute, ou de monter à
l'assaut, c'est encore lui qui doit payer de sa personne en mon-
trant l'exemple du courage et du dévouement. Qu'a-t-il pour se
défendre contre l'adversaire qu'il vient débusquer? Son sabre,
fort bon il est vrai, mais utile seulement dans des combats à

courte distance, ou corps à corps. Un officier est-il laissé sur le champ de bataille, par suite d'une blessure assez grave pour l'empêcher de suivre ou de rejoindre son corps, c'est encore le revolver en question qui devient son sauveur; ce fidèle compagnon lui donne la patience et la force d'attendre qu'on vienne le relever, en le protégeant contre les maraudeurs, cette lèpre de toutes les armées, espèce de vautours que l'on trouve partout où il n'y a plus qu'à piller et à assassiner, sans courir le moindre danger. Nous n'en finirions pas, s'il nous fallait énumérer tous les cas où le Mangeot-Comblain est indispensable. C'est donc avec raison que nous pouvons le répéter : sextupler la puissance de l'homme à pied ou à cheval, est le but que nous avons atteint; ce but a même été dépassé, puisque nous sommes arrivés à faire des carabines à huit coups, très-maniables et nullement gênantes; disons en outre que cette arme a reçu l'accueil le plus flatteur d'une partie des officiers de l'armée belge.

Notre modèle de revolver pour l'infanterie est ainsi réglé : longueur totale de l'arme de 22 à 23 centimètres, le poids est d'environ 500 grammes, à 5 chambres, ayant une charge de poudre d'un gramme à un gramme et demi au plus, la balle est de forme cylindro-conique, sa hauteur est d'environ 15 millimètres, son plus grand diamètre est de 10 millimètres; son poids de 18 à 19 grammes.

Cette arme a une portée meurtrière au-delà de 100 à 150 mètres, elle peut facilement se mettre dans la poche de la Tunique ou du pantalon ou dans un fourreau soutenu par une ceinture en cuir, sans qu'il résulte aucune gêne ou fatigue pour la personne qui en est porteur.

Nous avons encore un modèle plus petit que nous désignons sous le nom de revolver de poche; il est à six coups et a une portée de 50 à 100 mètres; sa pénétration à 50 mètres est plus que suffisante pour tuer son ennemi.

Avec la carabine revolver, la main gauche doit toujours tenir l'arme à la sougarde, pour éviter le danger des doubles feux, qui pourraient emporter une partie de la main ou du poignet, si le hasard voulait qu'il se produisît des explosions multiples. Nous ne pouvons, comme inventeur et auteur, nous étendre sur les qualités et les défauts des différents systèmes de revolver. C'est à la haute appréciation de messieurs les amateurs à résoudre cette question. Il nous répugne d'être juge et partie dans un pareil débat.

ÉPREUVES QUE DOIVENT SUBIR LES PISTOLETS ET CARABINES REVOLVERS, DANS L'INTÉRÊT DE LA SÉCURITÉ DES TIREURS.

1° L'épreuve du gouvernement, qui garantit la solidité de l'arme par son poinçon, lequel y est apposé après l'essai du banc d'épreuve.

2° L'épreuve par la pression de l'eau dans chaque chambre du cylindre, pour s'assurer si celui-ci ne recèle pas quelque paille, crique ou fissure qui corresponde d'une chambre à l'autre; défectuosités qui amèneraient de graves accidents, par suite des doubles feux qui en résulteraient. (L'épreuve à l'eau est moins nécessaire pour les cylindres en acier.)

3° L'épreuve du tir, pour connaître la précision de l'arme et en même temps s'assurer si les balles ne se coupent pas entre le raccordement des chambres du cylindre et l'orifice postérieur du canon qui reçoit les projectiles.

Sans la garantie de ces trois épreuves, l'amateur court le risque d'avoir une arme défectueuse, sinon dangereuse. Telle est notre conviction, d'après les expériences que nous ne cessons de faire chaque jour.

Nous ajoutons aux observations ci-dessus que plusieurs systèmes de revolvers sortant de fabriques sont imparfaits, en ce qui touche les soins de détails ; presque toujours il existe un manque d'ensemble qui fait qu'on ne peut se servir de ces armes quoique bonnes dans le fond. Il arrive souvent que le levier qui fait mouvoir le cylindre est trop long ou trop épais, ce qui gêne sa marche ; il en est de même pour la pièce qui sert à l'arrêter en face de l'orifice du canon, tantôt elle est trop longue ou trop grosse, ce qui occasionne le même désagrément ; tantôt le moule fait des balles trop grosses ou trop petites ; d'autres fois, l'entrée du canon, à sa jonction avec le cylindre, est beaucoup plus étroite que les chambres, ce qui fait couper les balles, et empêche le cylindre de tourner ; souvent les cheminées sont mal forées ou sont trop fortes ou trop faibles, trop grandes ou trop courtes, trop trempées ou pas assez, toutes causes qui empêchent de pouvoir y placer convenablement les capsules.

Les accessoires qui servent à ce genre d'arme s'y adaptent rarement bien : Il arrive souvent que la poire à poudre donne des charges trop fortes, ce qui détermine pendant le tir des secousses tellement violentes qu'elles fatiguent le poignet du tireur ; enfin, une infinité de petits riens font qu'on ne peut convenablement se servir de l'arme qui, en réalité, est bonne de fabrication.

INSTRUCTION SUR LE MANIEMENT DU REVOLVER MANGEOT-COMBLAIN.

1° Avant de commencer la charge, il faut mettre la sûreté,

afin de donner toute liberté au cylindre et garantir le chargeur des accidents qui pourraient survenir sans cette précaution.

(La sûreté est une vis à tête ronde qui se trouve du côté opposé au chien. Lorsqu'elle est tournée du côté taillé plat, elle permet au chien de venir écraser la capsule; si, au contraire, c'est le côté rond qui se trouve en dessus, le chien ne peut plus atteindre la capsule et il garantit ainsi de tout accident.)

2° Il est de toute nécessité que la partie cylindrique des balles soit enduite d'une graisse composée, ainsi qu'il suit; savoir : 3 parties de suif et une partie de cire jaune, fondues ensemble, ce qui facilite la charge, diminue la crasse et augmente la précision du tir.

Lorsque cette composition est liquide, il faut y plonger le cylindre de la balle jusqu'au cône, retirer la balle et la laisser refroidir; le projectile ainsi préparé est prêt pour charger.

3° Son mode de chargement est des plus faciles; il suffit d'introduire la charge de poudre dans une des chambres du cylindre et de placer le projectile dessus l'orifice de cette chambre, puis avec la baguette qui se trouve fixée sur l'un des côtés du canon, on le descend dessus la poudre, où il est comprimé de manière à ne pouvoir quitter sa position que par le coup de feu ou le tir-balle. On continue comme il est indiqué ci-dessus jusqu'à ce que toutes les chambres soient chargées.

Le revolver Mangeot-Comblain peut par la seule pression du doigt sur la détente, déterminer le mouvement intermittent pour le tir de précision, ou le mouvement continu pour le tir précipité, en cas d'attaque subite ou imprévue. Outre ces avantages, il a une excellente sûreté qui met son porteur à l'abri des accidents pendant la marche, ainsi que pendant la charge. On peut employer des cartouches, aussi bien que pour les autres espèces d'armes de guerre.

11.

Méthode de tir du Mangeot-Comblain.

Tir de précision. — Amener doucement la détente, par une pression lente et graduelle, au cran du bandé. — Cesser de faire agir l'index, assurer la ligne de mire, déterminer méthodiquement le départ comme pour le pistolet de tir (Voir *Traité du fusil de chasse*, p. 253 et suivantes).

Tir continu. — L'arme étant placée dans la main droite, et l'index reposant sur la détente, diriger l'arme vers le but, établir la ligne de mire, presser sur la détente sans à-coup et sans précipitation, faire feu, accompagner du doigt la détente jusqu'à ce qu'elle se soit accrochée de nouveau, rectifier le viser et continuer le feu autant de fois que le besoin l'exigera.

———

M. Genhart, ancien officier d'artillerie en Suisse, a inventé un revolver qui s'écarte de la voie ordinaire : la rotation de son cylindre se fait horizontalement; un levier fait avancer ou reculer le canon de manière à venir s'emboiter dans l'ouverture des chambres du cylindre.

Trois mouvements sont nécessaires pour, un coup de feu étant tiré, faire faire la révolution au cylindre, armer et se trouver prêt à tirer de nouveau. Un grand avantage attaché à ce système est de pouvoir faire un feu soutenu sans avoir à recharger; le cylindre s'enlève et se replace en moins de 3 secondes; on peut donc en avoir de chargés et rechanger, et, par cette substitution rapide, on n'est plus dans la nécessité d'interrompre le feu. Nous n'en dirons pas plus long sur ce revolver que son inventeur décrit complétement dans une brochure qui vient de paraître.

———

CHAPITRE XVI.

***

Moyen de faire la belle couleur brun-noir sur les canons de fusil et autres.

(PROCÉDÉ TENU SECRET JUSQU'A CE JOUR.)

Mettre le canon en couleur comme à l'ordinaire [1] ; lorsqu'il est assez chargé en couleur, on cesse d'y en appliquer ; on le frotte avec une gratte-boesse ou un morceau de carde fine, jusqu'à ce que toute trace de rouille soit disparue et qu'il ait pris un certain lustre ; dans cet état il est prêt à passer au bain d'acide. Pour cette manipulation, il faut une auge, faite exprès, soit en zinc, bois ou plomb, pouvant contenir une quantité suffisante d'acide, pour que l'immersion du canon soit complète. On s'assure que l'opération du déroché marche bien, en sortant le canon du bain toutes les dix à quinze secondes, jusqu'à ce que le travail de l'étoffe métallique soit assez bien découvert ; alors on le retire pour le laver dans l'eau de pluie, claire et propre, ce qui arrête l'action de l'acide sur la cou-

---

[1] Voir notre *Traité du fusil de chasse*, pages 297 et suivantes.

leur; on essuie soigneusement le canon, avec un linge propre, pour éviter d'y laisser des corps étrangers, surtout des corps gras : dans cet état, le canon se trouve prêt à subir le bain d'eau bouillante.

Cette dernière manipulation veut une auge comme la précédente, mais ayant un couvercle qui la ferme hermétiquement, ce qui produit une grande concentration de chaleur. L'eau étant bouillante, on place le canon avec soin dans l'auge; on y verse l'eau et on ferme avec soin.

La couleur brun-noir s'obtient en dix ou quinze minutes, la noire en vingt ou vingt-cinq minutes; plus de temps deviendrait nuisible à la solidité et nuirait à son lustre; c'est-à-dire que le canon resterait terne sous l'action du frottage avec la carde, opération qui doit se faire vivement et légèrement, de manière à l'échauffer; sans cette dernière opération le canon conserverait un aspect terne.

Les canons ainsi préparés, présentent à l'œil une variété de couleurs très-agréables, et ont l'avantage que la rouille ne reparaît que rarement dessus, ce qui arrive toujours dans l'ancien procédé, où l'on est obligé d'y appliquer pendant plusieurs jours des couches d'huile pour arrêter l'action du mordant.

Composition de la couleur pour les bains : 250 grammes muriate de fer (ou teinture d'acier); 500 grammes eau distillée; esprit de nitre doux, 10 grammes.

Composition pour appliquer sur les canons : 25 grammes muriate de fer en été, 35 jusqu'à 40 grammes en hiver; 500 grammes eau distillée.

Tous les acides ci-dessous désignés, lorsqu'ils sont affaiblis avec de l'eau de pluie, peuvent servir à dérocher ou faire découvrir l'étoffe métallique : L'acide muriatique, l'acide nitrique, l'acide acétique et toutes les compositions de couleurs pour les canons, lorsqu'elles sont assez concentrées (1).

Toutes les compositions de couleurs pour les canons, lorsqu'elles sont faites avec du muriate de fer, ou pour mieux dire, des teintures de fer, ont le grand avantage de vieillir le bois de noyer, lorsqu'il est trop pâle; le bois étant terminé au papier sablé, on y applique une ou deux couches de l'une ou l'autre de ces compositions, pour obtenir l'effet voulu. Il faut avoir soin que le bois ne soit pas enduit de corps gras.

Ce procédé fonce le bois de noyer jusqu'à lui faire prendre le noir ébène, lorsque l'on y applique de cinq à dix couches de cette composition, qu'on a soin de laisser sécher chaque fois, avant d'y en placer une nouvelle.

(1) La mise en couleur des canons exige la plus grande propreté de la part de celui qui opère. C'est surtout des corps gras qu'il doit le plus se défier.

NOTES DIVERSES.

I. — Le tir des armes de précision est soumis à plusieurs conditions qui sont indispensables à connaître, l'arme étant supposée parfaitement dressée et réglée.

Le tireur doit posséder : 1° une bonne vue; 2° une grande intelligence pour l'appréciation des différentes distances; 3° une bonne méthode d'épauler; 4° un bon décocher, c'est-à-dire faire avec l'index sur la détente une pression lente, graduelle et, sans à-coups, seul moyen de conserver l'arme dans le plan de tir.

Nous disons plus, chaque tireur doit faire une étude spéciale de son arme, pour régler convenablement sa hausse sur son guidon, ainsi que sa charge de poudre d'après le poids et la forme de son projectile. Il doit aussi s'attacher tout particulièrement à trouver la bonne manière d'épauler dans toutes les positions, car elle contribue beaucoup à amoindrir le recul de l'arme. C'est donc aussi une étude très-nécessaire que le tireur ne doit pas négliger; il paraît que le principe que l'on fait suivre à ce sujet aux élèves de l'école de tir de Vincennes est parfait.

II. — Le creux de la baguette, qui sert à coiffer le cône de la balle pendant la charge, doit affecter la forme exacte qu'on veut donner à la partie antérieure du projectile, sans cela cette partie de la balle serait déformée, surtout pour les armes où le forcement doit avoir lieu, soit sur le ressaut de la culasse ou sur la tige. Pour les balles expansives cela devient moins nécessaire et encore doit-on observer cette recommandation, qui est de la plus haute importance pour la précision et la portée des armes rayées.

III. — La partie antérieure de la balle de la garde française est vicieuse par la raison qu'elle rencontre une trop grande résistance de la part de l'air et qu'en outre un projectile n'est point appelé à faire emporte-pièce sur le but qu'il doit atteindre, mais bien à le perforer ; il faut donc la faire terminer en pointe arrondie pour qu'elle réponde convenablement au but qu'on se propose.

IV. — A notre avis la moindre longueur de la partie cylindrique des balles coniques devrait être égale au diamètre de l'âme du canon dans lequel elle doit être tirée.

Cette manière d'opérer est basée sur ce principe qu'il faut éviter toutes causes qui peuvent engendrer un mouvement oscillatoire du projectile pendant qu'il décrit sa courbe dans l'âme du tube, en suivant les hélices qui y sont tracées. Par ce moyen on conserve à la balle une rotation uniforme et régulière pendant sa translation à travers l'espace, condition essentielle pour obtenir la précision du tir.

V. — Fonte ou coulage des projectiles. — Pour avoir des balles de bonne qualité, il faut que la partie de la matrice, destinée au coulage du plomb, soit maintenue à une chaleur assez élevée, pour ne pouvoir la garder en main. Si cette température est trop forte, on n'obtient que des produits défectueux, occasionnant des déviations très-nuisibles au tir.

On devra donc veiller avec une scrupuleuse attention à ce que, dans la fonte des balles, cette température du plomb fondu soit telle, qu'elle ne puisse nuire en rien à la cohésion du grain métallique.

Le plomb étant fondu, avant de couler la balle, introduisez à fond dans le moule, la broche qui sert à former la cavité de la balle expansive; versez le plomb dans le moule. Lorsque le plomb est figé, retirez la tige et frappez avec le coupe-jet sur un morceau de bois, un léger coup, pour le détacher du projectile. Pour varier la forme du creux de la balle cylindro-conique, il suffit de changer la forme de la tige, destinée à produire la cavité.

VI. — Les munitions de guerre doivent être simples, d'une fabrication facile, praticable en tout lieu et par tout le monde. Elles ne doivent pas être trop pesantes, afin de ne pas surcharger le soldat pendant la marche, assez solides pour résister au transport, soit dans la giberne, le sac ou les caissons.

On reproche, à juste titre, aux cartouches des armes rayées d'être d'une construction plus difficile et plus compliquées; mais elles ont pour avantage la solidité.

VII.—La cartouche Nessler ne présente pas plus de difficulté que la cartouche de la balle sphérique et se charge de même, sans être obligé de renverser la balle, comme cela a lieu pour les cartouches à balles cylindro-coniques.

VIII. — Dans presque tous les gouvernements les armes à feu portatives sont d'un poids exagéré, ce qui fatigue considérablement le soldat en campagne, surtout pendant les marches forcées; de plus, cette lassitude agit d'une manière défavorable sur ses facultés intellectuelles. Cependant, il serait facile de remédier à ce grave inconvénient, en confectionnant des armes plus légères, tout aussi solides et beaucoup plus maniables que celles dont on fait usage aujourd'hui ; il suffirait seulement de réduire le calibre à 14 ou 15 milimètres au plus et la longueur du canon à 80 ou 85 centimètres ; diminution de longueur à reporter sur le sabre-baïonnette. Cette nouvelle modification allégerait l'arme d'un cinquième au moins. C'est alors que le fantassin, dégagé de cette surcharge, deviendra plus agile et plus dispos, et par contre, d'une toute autre valeur que si il est exténué par un poids exagéré.

IX. — Aujourd'hui presque tous les gouvernements de l'Europe ont établi des écoles de tir d'après celle de Vincennes.

L'Angleterre y instruit ses sous-officiers et soldats d'une manière toute particulière, en exerçant ces militaires à tirer sur des mannequins mobiles, placés derrière un simulacre de fortification, où lesdits mannequins paraissent et disparaissent, tantôt à droite, tantôt à gauche ou au milieu, de sorte que les hommes sont toujours obligés d'être sur le qui-vive, comme le chasseur à l'affût.

Ce nouveau genre d'instruction a pour but de rendre les soldats actifs, adroits et rapides dans l'exécution des feux.

X. — Voici quelques mots extraits de l'illustration anglaise du 22 novembre 1856, concernant la carabine du colonel John Jacob, de laquelle nous avons rendu compte au chapitre XII. Le canon a 30 pouces de long (mesure anglaise), calibre 32, pesant avec le sabre-baïonnette un peu plus de 10 livres (on peut se la procurer à Birmingham chez M. Swinbourne et Compagnie), la portée de cette arme est très-juste au-delà d'un mille anglais : elle porte jusqu'à 2,500 yards ; la forme de la balle qui a 2 diamètres 1/2 de long est cylindro-conique ; pour empêcher la forme antérieure de se déformer, on y adapte une pointe en fer ou en zinc.

Les balles obus ou explosives du colonel sont certainement les projectiles les plus terribles qui puissent être tirés à l'épaule, avec une petite arme ; 2 drachms de poudre suffisent pour les lancer avec effet et précision à une distance de plus de 2,000 yards.

La balle obus a la même forme que sa balle ordinaire de plomb ; elle est creusée de manière à pouvoir contenir un tube en cuivre que l'on charge avec 1 1/2 drachm de poudre de chasse, et à la pointe (par laquelle la balle frappe invariablement), se trouve une petite quantité de poudre fulminante.

De nombreux essais faits dernièrement, à Kurrachee (Sinde), ont montré la puissance de ces terribles balles obus. Des caissons simulés, fermés de la même manière que ceux de l'artillerie Royale ont éclaté à 1,200 et 1,800 yards (toujours avant le 30e coup). On avait également simulé une batterie de campagne et cette batterie fut tellement criblée en dix minutes par le feu de six tirailleurs qu'il y a lieu de se demander s'il serait possible à une batterie de se maintenir, le même espace de temps, sous le feu d'une section de tirailleurs armés de pareilles carabines.

Ce n'est pas la faute de l'inventeur, si ces armes n'ont pas figuré dans les tranchées de Sébastopol, mais l'attention du gouvernement est enfin éveillée, et, il y a lieu d'espérer que les travaux de l'inventeur ne seront pas perdus plus longtemps.

XI.—La première société régulière de tir fut créée en 1427 en Suisse. Les membres devaient toujours avoir en état leur arbalète et leur fourniment. Le gouvernement leur donnait le local (maison de réunion et terrain du tir). Les Suisses dans leurs campagnes à l'extérieur, apprirent à connaître les bons résultats donnés, par les armes à feu; aussi en 1466 on créa à Bâle une société de tireurs à l'arquebuse, jouissant d'assez grands priviléges. Le Pape accorda même des indulgences aux membres de cette société, en 1477. (Il paraît aussi qu'à Strasbourg les progrès du tir étaient déjà assez notables, puisque le gouvernement baslois, appela en 1473, deux chevaliers strasbourgeois pour enseigner le tir; ces chevaliers reçurent, comme gratification, la somme de 69 livres.) Cette société se nommait un grand-maître qui avait des pouvoirs très-étendus et qui jugeait toutes les querelles entre les membres. On tirait tous les dimanches et il y avait chaque fois, au moins, trois prix.

Tir universel des sociétés réunies du quinzième siècle.

Tir à l'arbalète.	. . . .	En l'année 1447	à	Zürich.
»	. . . . .	» 1452	à	Sursée.
»	. . . . .	» 1453	à	Berne.
»	. . . . .	» 1454	à	Aarberg.
»	. . . . .	» 1456	à	Strasbourg.
»	. . . . .	» 1548	à	Wangen.
»	. . . . .	» 1458	à	Constance.
»	. . . . .	» 1461	à	Berne.
»	. . . . .	» 1462	à	Fribourg.
»	. . . . .	» 1465	à	Zürich.
Tir à l'arbalète et armes à feu.		» 1471	à	Sursée (2e).
»	»	» 1472	à	Zürich (2e).
»	»	» 1485	à	Saint-Gall.
»	»	» 1494	à	Soleure.

TABLEAUX.

Tableau comparatif du tir des fusils à tige, rayés sans tige et lisses.

DISTANCES.	DIAMÈTRE des buts.	FUSIL rayé à tige.	FUSIL rayé sans tige.	FUSIL lisse.
150 mètres.	2ᵐ sur 0ᵐ.50	32.02	34.71	17.41
200 »	»	20.41	26.50	9.87
225 »	»	19.99	25.54	5.26
250 »	2ᵐ sur 1ᵐ.	31.12	33.60	7.48
275 »	»	27.17	32.98	5.62
300 »	»	22.67	27.54	3.50
325 »	2ᵐ sur 1ᵐ.50	31.19	36.60	4.83
350 »	»	30.38	35.91	3.93
400 »	»	26.57	27.88	2.49
450 »	2ᵐ sur 2ᵐ.	23.09	28.39	»
500 »	»	18.82	22.59	»
550 »	2ᵐ sur 2ᵐ.50	18.48	21.68	»
600 »	»	18.33	21.34	»
700 »	2ᵐ sur 3ᵐ.	15.35	16.56	»
800 »	2ᵐ sur 4ᵐ.	11.68	13.21	»

Tableau des dérivations mesurées à toutes les distances avec le pendule à distances.

DISTANCES.	DURÉES DES TRAJETS.	DÉRIVATIONS.
200 mètres.	0″.69	0ᵐ.12
300 »	1″.13	0ᵐ.33
400 »	1″.44	0ᵐ.54
500 »	1″.86	0ᵐ.89
600 »	2″.37	1ᵐ.46
700 »	2″.97	2ᵐ.25
800 »	3″.67	3ᵐ.50
900 »	4″.35	4ᵐ.90
1000 »	5″.07	6ᵐ.68
1200 »	6″.71	11ᵐ.69
1300 »	7″.10	15ᵐ.10

Influence du nombre des rayures sur la justesse du tir.

DISTANCE DE 250 MÈTRES.		LE POUR CENT SUR UN BUT CARRÉ AYANT POUR CÔTÉS		
		2 mètres.	1 mètre.	0ᵐ.33.
Longueur du canon :	6 rayures.	92.4	56.9	8.9
92 centimètres.	8 rayures.	90.0	54 1	9.3

Tableau établissant le tir des différentes longueurs de canon.

LONGUEUR DES CANONS.	LE POUR CENT AVEC DES CANONS	
	de 6 rayures.	de 12 rayures.
1^m.08	N'a pas été tiré.	84
0^m.92	92	88
0^m.76	96	96
0^m.65	84	80
0^m.49	78	72

Le maximum de justesse a été obtenu avec le canon de 0^m.76 de longueur ; on aurait donc dû l'adopter, en égard du tir, mais les conditions du service ont fait admettre la longueur de 92 centimètres.

— — —

Tableau indiquant la comparaison de pénétration de la balle oblongue et de la balle à culot aux trois écoles ci-dessous désignées.

ÉCOLES.	à 400 mètres.		à 500 mètres.		à 600 mètres.		à 700 mètres.		à 800 mètres.	
	Balles oblongues.	Balles à culot.	Balles oblongues.	Balles à culot.	Balles oblongues.	Balles à culot.	Balles oblongues.	Balles à culot.	Balles oblongues.	Balles à culot.
Vincennes. .	126.0	136.0	109.0	106.0	104.0	107.0	79.0	78.0	77.0	75.0
Saint-Omer.	127.8	127.8	96.9	106.8	88.5	95.7	76.8	72.0	5.07	70.2
Grenoble. .	129.0	102.8	108.0	102.0	87.2	104.5	75.6	87.1	70.2	86.4
Moyennes générales. .	120.0	122.2	104.6	104.9	95.2	102.0	77.1	79.0	74.0	77.4

Tableau présentant la force de pénétration des balles sphériques et des balles oblongues sur les mêmes panneaux.

DISTANCES.			PANNEAUX.							
			1er	2e	3e	4e	5e	6e	7e	8e
400 mètres.	Fusil 1822 transformé.	Traversées.	2	1	»	»	»	»	»	»
	Balle sphérique de 17.2.	Logées.	2	»	»	»	»	»	»	»
	Charge de 8 grammes.	Empreintes.	»	1	»	»	»	»	»	»
400 mètres.	Fusil 1822 rayé à tige.	Traversées.	63	55	52	43	32	14	3	1
	Balle oblongue de 17.2.	Logées.	»	3	»	2	4	1	»	»
	Charge 4 grs. 50.	Empreintes.	»	5	3	6	7	12	7	»
600 mètres.	Idem.	Traversées.	20	16	9	7	2	2	»	»
		Logées.	»	1	1	»	»	»	»	»
		Empreintes.	»	3	6	2	5	»	»	»
800 mètres.	Idem.	Traversées.	11	7	7	1	»	»	»	»
		Logées.	1	1	»	»	»	»	»	»
		Empreintes.	1	3	»	6	1	»	»	»

Le pour cent résultant des expériences du 62e régiment à Strasbourg sur la balle Nessler.

DISTANCES.	150ᵐ.	250ᵐ.	350ᵐ.	400ᵐ.	500ᵐ.	600ᵐ.
Balle à culot	97.50	95.00	90.00	72.50	55.00	35.00
Balle Nessler	97.50	80.00	62.50	47.50	22.50	7.50
Balle sphér. de 17.2.	97.50	47.50	5.00	Cette balle n'a pas été essayée à ces trois distances.		
Balle sphér. de 16.7.	87.50	35.00	5.00			

L'artillerie avait prétendu que la supériorité de la balle Nessler tenait à son plus fort calibre (17.2); aussi dans les expériences du 62e régiment, mit-on en regard la balle sphérique de 17.2 avec celle en service de 16.7.

———

Tableau des expériences faites entre le canon double à axes convergents et à axes parallèles.

DISTANCES.	ÉCARTEMENT DES POINTS D'IMPORT MOYENS.	
	Canons convergents.	Canons parallèles.
75 mètres.	0ᵐ.121	0ᵐ.218
100 »	0ᵐ.172	0ᵐ.330
125 »	0ᵐ.356	0ᵐ.980
150 »	0ᵐ.458	0ᵐ.463
175 »	0ᵐ.262	0ᵐ.697
200 »	0ᵐ.613	0ᵐ.273

Expérience faite avec balle de 16 millimètres et 29 grammes en poids; charge de poudre de 9 grammes.

Tableau explicatif des anciennes armes rayées qui se trouvent au musée de Paris.

DONNÉES PRINCIPALES.			NOMBRES d'armes.
Du calibre du 17mm.5 et au-dessous			311
» au-dessus de 17m.5.			32
D'une longueur de canon de	0m.50 et au-dessous . .		40
	0m.50 à 1 mètre. . . .		267
	au-dessus de 1 mètre . .		36
Rayures. .	droites		19
	inclinées.		324
	inclinées.	régulièrement.	131
		plus fortement au tonnerre.	81
		» au milieu. .	83
		» à la bouche.	29
Tours de rayures. . . .	1/2 tour au-dessous. . .		67
	1/2 tour à 1 tour. . . .		219
	1 tour à 2 tours		55
	au-dessus de 2 tours. . .		2
Nombre des rayures. . .	en nombre pair		226
	en nombre impair . . .		117
	de 2 à 6		79
	de 7 à 12		232
	au-delà de 12.		32
Formes des rayures. . .	arrondies.		275
	triangulaires		33
	rectangulaires.		9
	non définies		26
Largeur des rayures. . .	de 3mm. et au-dessous . .		296
	au delà de 3mm. . . .		47
Profondeur des rayures. .	de 1/2mm. et au-dessous .		153
	de 1/2mm. à 1mm. . . .		179
	au-dessus de 1mm.		14

Tir exécuté avec la carabine du lieutenant-colonel John Jacob, de l'artillerie de Bombay.

DATE.	DESCRIPTION DE L'ARME.	CHARGE.		NUMÉROS DES COUPS.	DISTANCE EN YARDS.	ANGLE D'ÉLÉVATION.	DURÉE DU PARCOURS.	DISTANCE DU CENTRE EN PIEDS.					NOM du TIREUR.	OBSERVATIONS.
		Nature et poids du projectile.	Poudre.					A droite.	A gauche.	Dans le centre	Au dessus.	Au-dessous.		
2 décembre 1854.	4 rayures, calibre 16. Longueur du canon, 30 pouces. poids, 10 livres. Balles obus ; la partie postérieure plate.		2 drachmes.	1	500	2°.3'		»	»	»	4	»	Le colonel Jacob, à l'épaule.	
				2				»	»	»	»	2		
				3				»	»	»	4	»		
				4				»	1	»	1	»		
				5				»	»	»	4	»		
				6				1	»	»	1	»		
				7				1	»	»	»	»		
				8				»	1	»	»	»		
				9			⌣	»	»	»	1	»		
				10				»	»	»	»	1		

Tir exécuté avec la carabine du lieutenant-colonel John Jacob, de l'artillerie de Bombay.

DATES.	DESCRIPTION DE L'ARME.	CHARGE. Nature et poids du projectile.	CHARGE. Poudre.	NUMÉROS DES COUPS.	DISTANCE EN YARDS.	ANGLE D'ÉLÉVATION.	DURÉE DU PARCOURS.	DISTANCE DU CENTRE EN PIEDS. A droite.	A gauche.	Plein centre.	Au-dessus.	Au dessous.	NOM du TIREUR.	OBSERVATIONS.
25 août 1855.	Calibre 16.	Balles obus à fonds plat. 3 onces, 8 drachms.	2 drachmes.	1	1000	4°.36′	3″.62	2	»	»	»	1	Major Jacob à l'épaule.	Toutes les balles explosives éclatent dans le mur.
				2				1	»	»	»	2		
				3				1	2	»	1	»		
				4				3	»	»	4	»		
				5				1	»	1	3	»		
				6				»	»	»	»	»		
				7				1	»	»	»	»		
				8				2	»	»	»	»		
				9				»	»	»	3	»		
				10				»	»	»	»	4		
21 août 1853.	Calibre 8.	1543 grammes.	4 drachms, 102 grammes.	1	2000	12°.30′	9″.12	»	»	»	»	10	id. La plaque de couche rembour-rée.	
				2				»	10	»	6	»		
				3				ricochet à 20 pieds en avant.						
				4				»	3	»	»	6		
				5				»	5	»	»	»		

FIN.

MODIFICATIONS.

MODIFICATIONS DE L'ARME DE GUERRE RAYÉE,

Par H. MANGEOT.

———

Longueur de l'arme, 1 mètre 210 millimètres, sans baïonnette, poids de l'arme, environ 4 kilog. à 4 kilog. ¹/₂.

Longueur du canon, culasse comprise, 82 centimètres, diamètre de l'âme 15 millimètres, sillonnée de 4 rayures de forme arrondie sur un pas de 1.50 à 1.60 au plus, espacées entre elles de manière à laisser autant de plein que de vide, régulières pour les balles évidées et pour les balles massives qui reçoivent leur forcement par le choc de la baguette, soit sur une chambre à ressaut ou sur une tige placée au fond du tube. Les rayures doivent être tant soit peu progressives en largeur et en profondeur, (la rayure progressive occasionne de fréquents arrachements avec les balles évidées).

Hausse et guidon du fusil actuellement en usage en Angleterre.

La charge de poudre ne peut être en-dessous de 3 grammes 50 ni au-dessus de 5 grammes ; nous donnons la préférence à celle de 4 grammes 25.

Monture d'après le dernier modèle anglais (pour l'armée), ayant de 3 à 34 centimètres de crosse à partir de la plaque de couche (qui sera droite) jusqu'à la détente.

Le nez de cette crosse doit finir imperceptiblement, c'est-à-dire se confondre à peu près avec la poignée qui elle-même sera longue, de forme ovale et n'aura à son milieu que 13 centimètres de circonférence au plus.

La pente prise comme l'indique le dessin est de 44 millimètres à la plaque de couche, 38 millimètres au milieu et 32 au nez. La largeur de la crosse près de la plaque de couche d'environ 10 à 12 centimètres, et près du nez d'environ 4 centimètres à 4 1/2 au plus.

Baguette à tête cylindrique creusée d'après le cône de la balle, pour ne pas la déformer pendant l'action du forcement. Il serait convenable que la baguette fût munie d'un ressaut comme celui de la carabine fédérale suisse, afin d'éviter de trop bourrer.

Platine semblable à celle des nouvelles armes de guerre anglaises, mais ayant à la noix un volant ou languette pour régulariser son mouvement. La détente légèrement recourbée, pour rendre le touché plus sensible, et, par là, régulariser le tir.

La garniture en fer à la trempe jaspée ; le canon en couleur rouille ou brun-noir d'après mon procédé (voir page 131) ou encore en gris, afin d'éviter le brillant qui gène le tir et pour mieux conserver l'arme.

Cheminée en acier fondu ou en acier préparé pour cet usage.

Toute la monture enduite de l'un des vernis gras, indiqués page 21.

Baïonnette des Chasseurs de Vincennes, ayant la forme du yatagan arabe.

DÉSIGNATION DES BALLES.

1. Balle sphérique.
2. Même balle après le forcement Delvigne.
3. » après le forcement Ponchara.
4. Balle de la carabine à tige des chasseurs de Vincennes, et du fusil des zouaves.
5. Balle Minié, extensible au moyen d'un culot en tôle.
6. » expansive (de la garde impériale).
7. Balle expansive de M. Nessler, pour les armes à canon lisse.
8. Balle Minié à évidement arrondi au fond.
9. Balle des chasseurs-carabiniers belges.
10. Balle de l'infanterie belge.
11. Balle du fusil rayé sarde.
12. Balle des *bersaglieri*.
13. Balle du *rifle* anglais.
14. Balle du nouveau fusil anglais (extensible par culot en buis).
15. Balle du fusil à culasse mobile, de M. Prince.
16. Balle de la carabine anglo-russe.
17. Balle du fusil à tige (russe).

18. Balle autrichienne (ancien modèle).

19. Balle nouveau modèle (par le lieutenant Lorens).

20. Balle du fusil rayé des Suisses.

21. Balle de la carabine fédérale.

22. Balle de la carabine de M. Prélat (suisse).

23. Balle du fusil à aiguille prussien.

24. Balle Minié prussienne (extensible par culot en tôle).

25. Balle prussienne pour arme à tige (Thouvenin).

26.   »   (système Delvigne).

27. Balle saxonne N° 1.

28.   »   N° 2.

29.   »   (du fusil à tige).

30. Balle chargée et amorcée de M. Riera (Espagne).

31. Balle hanovrienne.

32. Balle de la carabine à tige bavaroise.

33. Balle du fusil à tige oldenbourgeois.

34. Balle du fusil à tige du Duché de Nassau.

35. Balle du fusil à culasse mobile norwégien.

36. Balle primitive française (M. Minié).

37. Balle du fusil à tige mecklembourgeois.

38. Balle Minié espagnole.

39. Balle Minié napolitaine.

40. Balle de la garde, modifiée.

41. Balle des chasseurs de Vincennes à pointe d'acier.

42. Balle américaine, ancien modèle.

43. Balle à bourre pour canon rayé et canon lisse, (Mangeot).

44.   »   (sphérique), pour canon lisse   »

45. Balle mariées.   »

46.   » anciennes des Bersaglieri.

47. Balle à tampon de zinc, anglais (Lancaster).

48.   » américaine.

49. » de M. le capitaine d'artillerie Tamisier.

50. » Minié badoise, à culot en fer blanc.

51. » de Wilkinson, (anglais).

52. » du Danemark.

53. Première balle creuse de M. Delvigne.

54. Balle ovale de Brunswick.

55. » de M. Tamisier à rainures à la pointe.

56. » la même, après le forcement.

57. » du fusil saxon, »

58. Première balle creuse de M. Delvigne.

59. » de Thierry, officier français.

60. Balle pour la nouvelle forme de chambre, par Mangeot.

61. » à cheville de zinc, de Charrin.

62. » creuse pour obtenir le forcement par la tige, du même.

63. » expansive, du même.

64. » dernier modèle, du même.

65. » en acier de M. Weinmann (France).

66. » explosive, dite foudroyante, de M. Devisme (id.)

67. » A. Neuvesel (id.)

PRINCIPES GÉNÉRAUX DU TIR.

(Extrait de l'excellent cours de M. L. Panot.)

Les principes généraux du tir, applicables à toutes les armes à feu en général, se déduisent des relations de position qui existent entre trois lignes : la *ligne de tir*, la *ligne de mire*, la *trajectoire*.

Ligne de tir.

On donne le nom de *ligne de tir* à l'axe du canon indéfiniment prolongée; c'est la direction première du centre de la balle, direction que ce centre ne cesserait de suivre si le projectile n'était soumis qu'à la force de projection de la poudre.

Ligne de mire.

La *ligne de mire* est une ligne droite qui passe par le milieu du fond de l'encoche de la hausse et par le sommet du guidon. La ligne de mire ainsi définie, porte le nom de ligne de mire *artificielle*, en opposition à la ligne de mire *naturelle* qui passe par les parties les plus élevées du tonnerre et de la bouche du canon.

Viser ou *pointer*, c'est diriger la ligne de mire d'une arme sur un point; pour que le pointage soit bon, il faut que les deux points qui déterminent la ligne de mire et le point visé se trouvent bien exactement sur la même ligne droite.

Trajectoire.

La *trajectoire* est la ligne courbe décrite dans l'air par le centre du projectile.

Il est à remarquer que tant que le projectile est dans l'âme de la pièce, la trajectoire se confond à peu de chose près avec la ligne de tir; mais dès que le projectile a franchi la bouche, la trajectoire se sépare de la ligne de tir, et elle va sans cesse en s'écartant de cette dernière, et cela d'autant plus, que le projectile s'éloigne d'avantage de la pièce.

La ligne de tir est constamment au-dessus de la trajectoire, elle est tangente à cette dernière vers la bouche du canon.

Le projectile, dans son trajet dans l'air, est soumis à l'action de trois forces :

1° La *force de projection*, développée lors de l'inflammation de la poudre; en vertu de l'inertie de la matière, si le projectile n'était soumis qu'à la force de projection, il se mouvrait indéfiniment en ligne droite, la trajectoire se confondrait avec la ligne du tir;

2° La *résistance de l'air*; l'air comme toute espèce de corps, est composé de molécules matérielles; le projectile, pour marcher, est obligé d'écarter ces molécules, de se frayer un passage au milieu d'elles, il y a donc frottement, choc, et par suite réaction des parties choquées, perte de vitesse pour le projectile;

3° La *pesanteur*, force dont nous avons donné déjà la définition; elle agit sur le projectile dès sa sortie de la bouche du canon, et ajoutant constamment des actions aux actions déjà produites, elle tend à attirer le projectile vers la surface de la terre.

Plan du tir.

On appelle *plan du tir* un plan vertical renfermant la ligne de tir; théoriquement, la trajectoire doit être contenue tout entière dans le plan de tir, quand l'arme est bien disposée à cet effet;

nous verrons plus tard, pour le fusil d'infanterie principalement, que le projectile par suite de nombreuses causes de déviation, n'est jamais rigoureusement dans ce plan, ou qu'il n'y est du moins que pendant une bien faible partie de son parcours.

Angle de mire.

La ligne de mire fait généralement avec la ligne de tir un angle plus ou moins ouvert que l'on nomme *angle de mire*.

Angle du tir.

On appelle *angle du tir* l'angle formé par la ligne de tir avec l'horizontale au moment du tir.

Lorsque le but est au même niveau que la bouche de l'arme, l'angle de mire est égal à l'angle du tir.

Établissons à l'aide d'une figure les différentes lignes et les angles dont nous venons de parler.

Si nous supposons un canon représenté par C R, nous aurons la ligne R M qui sera la ligne de tir, A B la ligne de mire R O T Z la trajectoire. L'angle A O R, formé par la ligne de tir et la ligne de mire, sera l'angle de mire, et l'angle O R S, formé par la ligne de tir et l'horizontale, sera l'angle de tir.

Si nous considérons la position de la trajectoire par rapport à la ligne de mire, nous voyons qu'au sortir de la bouche du canon, la trajectoire se trouve au-dessous de la ligne de mire, puis qu'elle la coupe en un certain point L, généralement très-rapproché de la bouche, ce point n'a nulle importance dans le tir; à partir du point L, la trajectoire passe au-dessus de la ligne de mire et s'élève pendant quelque temps par rapport à cette ligne; puis elle vient la couper en un deuxième point V.

But en blanc et portée du but en blanc.

Ce deuxième point d'intersection de la ligne de mire et de la trajectoire porte le nom de *but en blanc;* la distance C V de la bouche du canon au but en blanc, se nomme *portée du but en blanc;* à partir du point V, la trajectoire passe au-dessous de la ligne de mire, elle se maintient ensuite indéfiniment dans cette position, sa distance à la ligne de mire allant sans cesse en augmentant.

En jetant les yeux sur la figure, nous verrons que, si pour atteindre un point F placé entre la bouche du canon et le but en blanc, l'on vise directement dessus, la balle passera au-dessus d'une certaine quantité F E; il en serait de même pour tout autre point compris entre les points L et V; si pour atteindre un point H situé au delà du but en blanc, on vise directement dessus, la balle passera au-dessous d'une certaine quantité H K; il en serait de même pour tout autre point situé au-delà du but en blanc.

Nous dirons donc, en faisant abstraction du point L, que pour atteindre un point situé en-deçà du but en blanc, il faut viser au-dessous de ce point d'une quantité égale à celle dont la trajectoire s'élève au-dessus; que pour atteindre un point situé au but en blanc, il faut viser directement dessus, et que pour atteindre un point situé au-delà du but en blanc, il faut viser au-dessus de ce point, d'une quantité égale à la quantité dont la trajectoire s'abaisse au-dessous de la ligne de mire à la hauteur de ce point.

Il est bon de remarquer que la charge de poudre et la balle restant constantes à la guerre, pour une même arme portative, et que la portée du but en blanc ne variant pas sensiblement pour de petites différences d'inclinaison de la ligne de mire sur l'horizon, on peut regarder la portée du but en blanc comme constante pour une même arme portative.

La portée du but en blanc dans une arme dépend de la grandeur de l'angle de mire; plus cet angle augmentera, dans certaines limites toutefois, plus la portée du but en blanc augmentera aussi; cette portée diminuera au contraire si l'on fait diminuer l'angle de mire.

A l'aide d'une figure très-simple, l'on peut observer qu'en faisant varier l'épaisseur du canon au tonnerre, l'on fera augmenter ou diminuer l'angle de mire. Si au lieu de faire varier l'épaisseur du canon au tonnerre, on place sur cette partie de l'arme une tige, qui permettra de faire monter ou descendre à volonté le point A, qui appartient à la ligne de mire, on augmentera ou l'on diminuera de cette manière l'angle de mire; cette tige prend le nom *de hausse*.

Définition des hausses.

Ainsi on donne le nom de hausses à des tiges graduées qui, adaptées généralement sur le tonnerre des armes à feu, permettent de faire varier l'angle de mire, et par suite la portée du but en blanc.

L'angle de *mire naturel*, celui formé par la ligne de mire naturelle et la ligne de tir, ne dépend pas seulement de la différence des épaisseurs du canon au tonnerre et à la bouche, il dépend en outre de la longueur du canon; si l'on diminue la longueur du canon, et qu'on lui conserve les mêmes épaisseurs à la bouche et au tonnerre, il est facile de s'assurer à l'aide d'une figure, que l'on aura augmenté l'angle de mire; ainsi de deux canons ayant les mêmes épaisseurs à la bouche et au tonnerre, celui qui aura la plus grande longueur aura le plus petit angle de mire. On conçoit d'après cela qu'une arme plus courbe qu'une autre, ayant une charge plus faible, et une portée absolue moindre, pourra avoir cependant un but en blanc plus éloigné.

CORRECTIONS ET ADDITIONS.

Page 11, ligne 6e. Burnel. Lisez : Bruneel.

» 11, ligne 16e. Lisez : N'offrait en réalité qu'une amélioration insuffisante pour l'arme de guerre.

» 45, dernière ligne. Lisez : Le choc de la baguette.

» 56, ligne 29e. Les Français sont battus en 1892. Lisez : 1692.

» 61, ligne 4e. S. A. S. le prince Léopold Dessau. Lisez : S. A. S. le prince Léopold Anhalt Dessau.

» 64, dernière ligne, au lieu de Rerninsgs, lisez : Berningsdorf.

» 70, ligne 11e. Le marquis de Santa-Cruz nous dit (LXI, P. 197 V de ses mémoires). Lisez : (LXI, P. 197 V 5 de ses mémoires.)

» 73, lignes 2e et 3e, de 4 et 5 mètres. Lisez : de quatre à cinq cents mètres.

» 104, ligne 3e. Pour la postérieure. Lisez : Pour la partie postérieure.

» 105, Chapitre VIII. Lisez : Chapitre XIII.

Page 107, ligne 20e. L'armurier Druyé. Lisez : Dreyze.

Ajoutons qu'un tiers de l'armée prussienne fait actuellement usage de ce fusil ; on prétend même l'y généraliser. Elle possède en outre deux cent mille
fusils modifiés au système Minié.

» 126, lignes 19e et 20e. Le poids est d'environ 500. Lisez :
Le poids varie de 500 à 700 grammes.

TABLE DES MATIÈRES.

FIN.

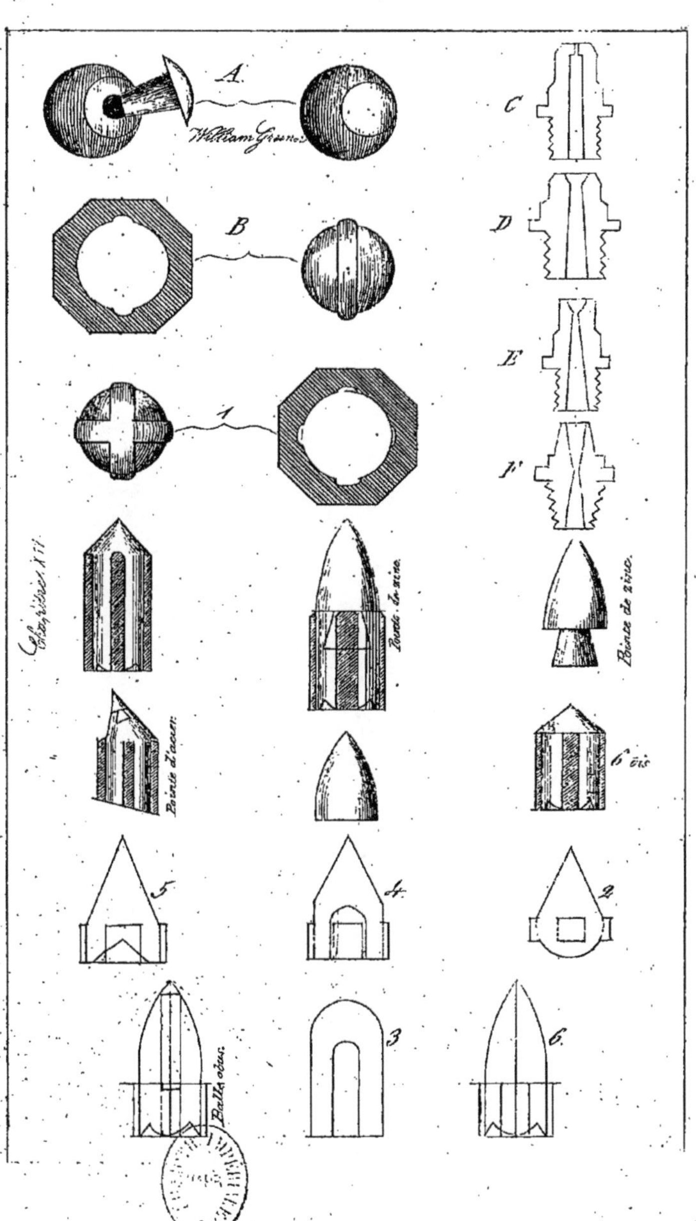

A.
William Greener
B.
C
D
E
F
1
Chargitires XII.
Pointe de zinc.
Pointe de zinc.
Pointe de zinc.
Pointe d'acier.
6 bis
5
4
2
3
6
Balle ogive.

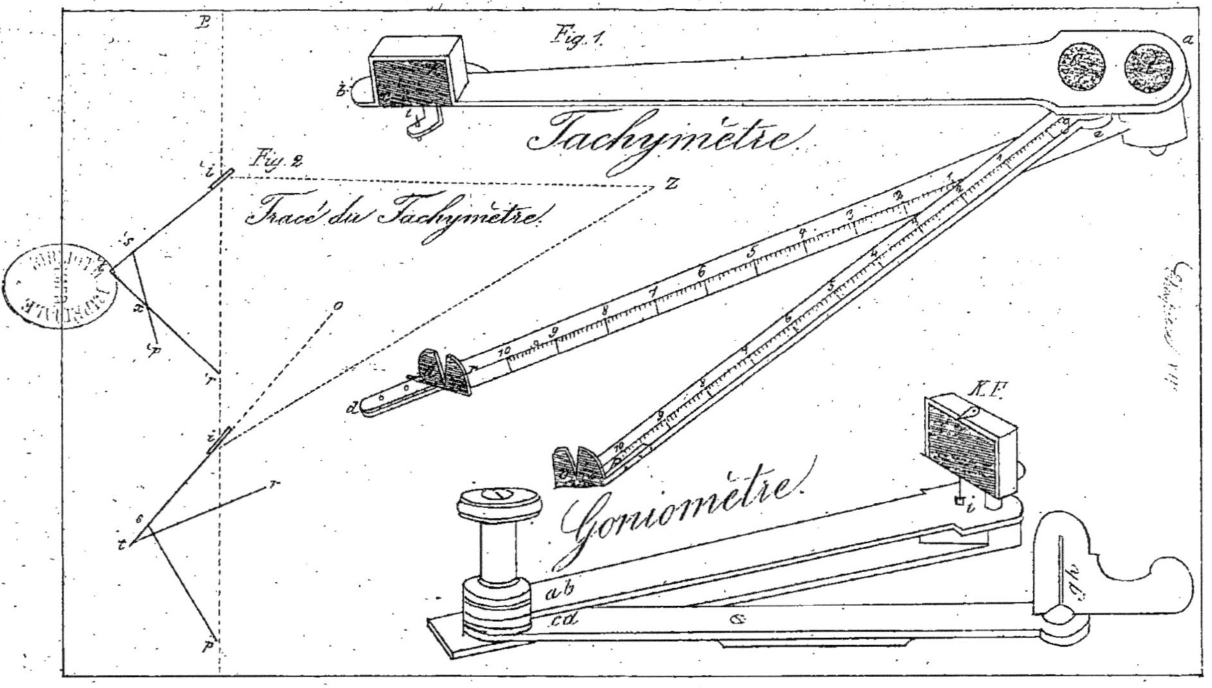

Chapitre VII
Fig. 1.
Tachymètre.
Fig. 2
Tracé du Tachymètre.
Goniomètre.
K.F.

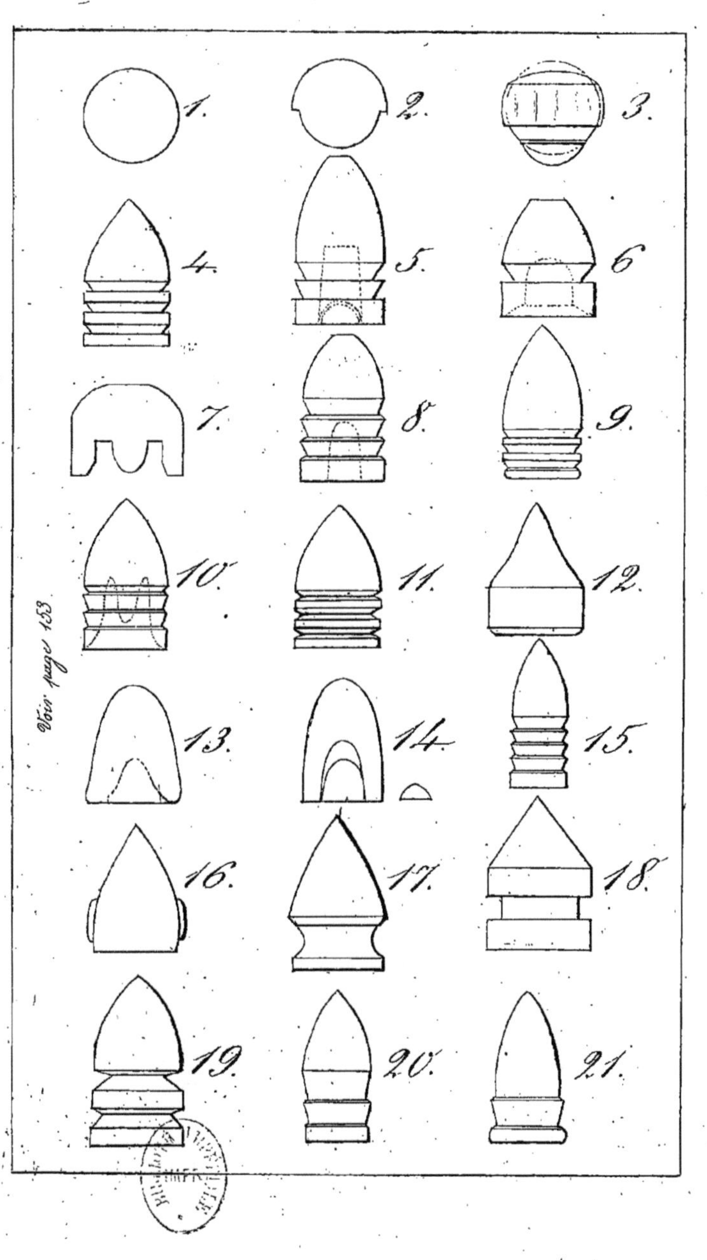

Voir page 153
1.
2.
3.
4.
5.
6.
7.
8.
9.
10.
11.
12.
13.
14.
15.
16.
17.
18.
19.
20.
21.

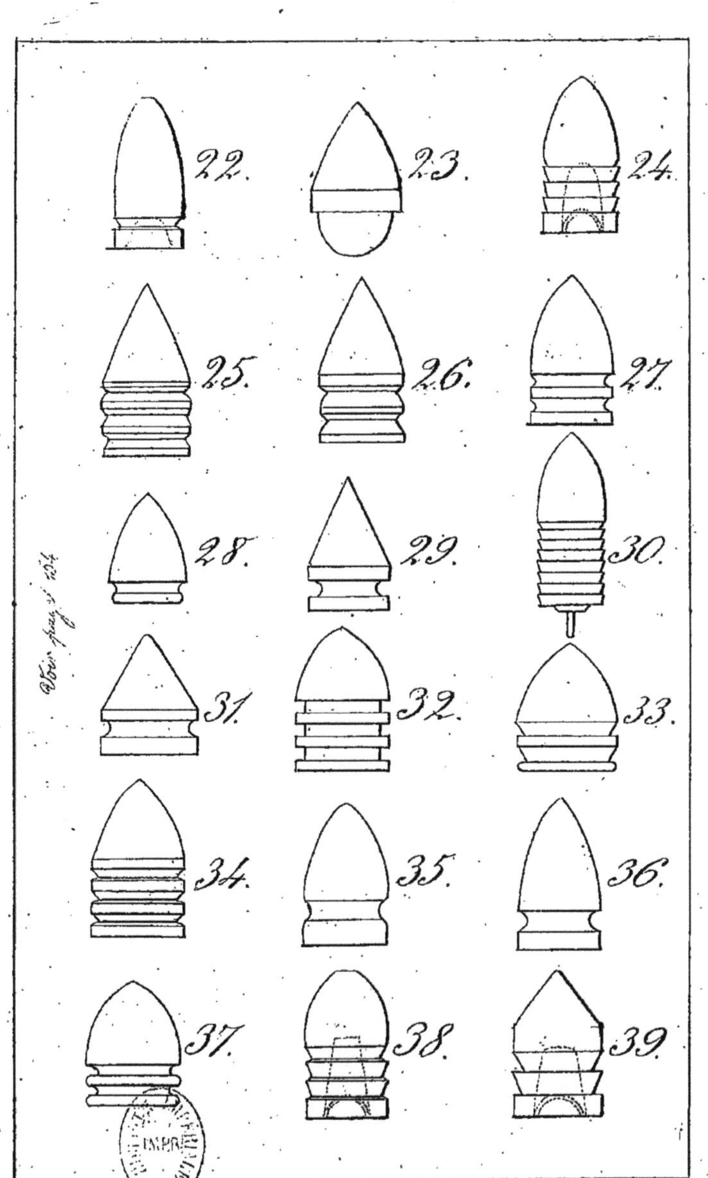

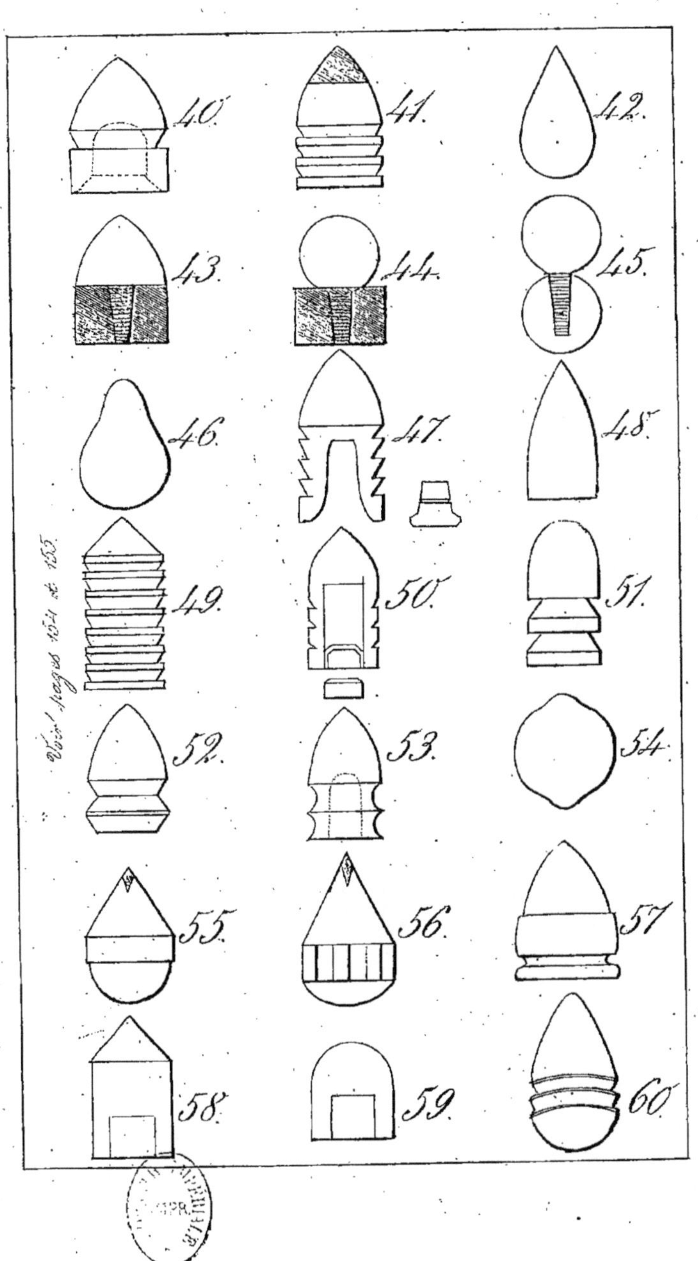

40.
41.
42.
43.
44.
45.
46.
47.
48.
49.
50.
51.
52.
53.
54.
55.
56.
57.
58.
59.
60.

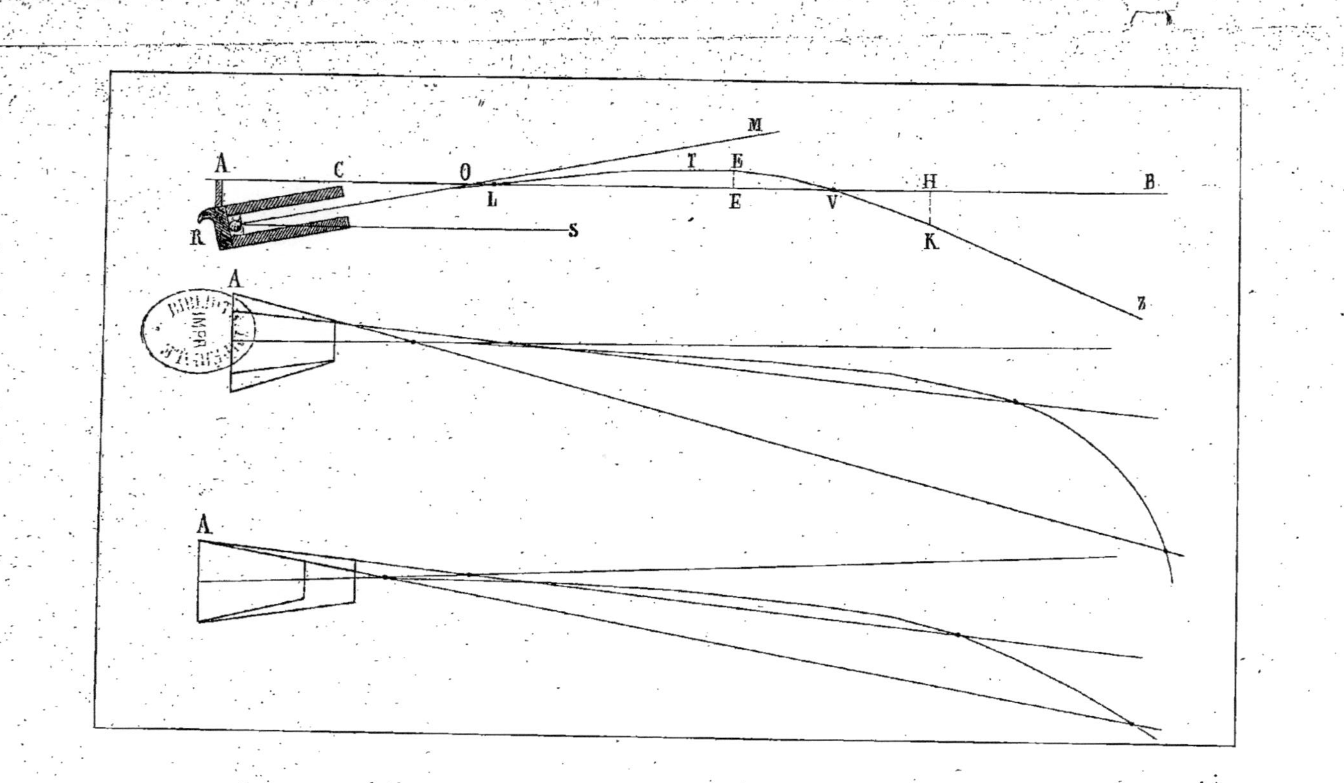

A   C   O   T E   H   B
L   E   V
R   S
M
K
z
A
A

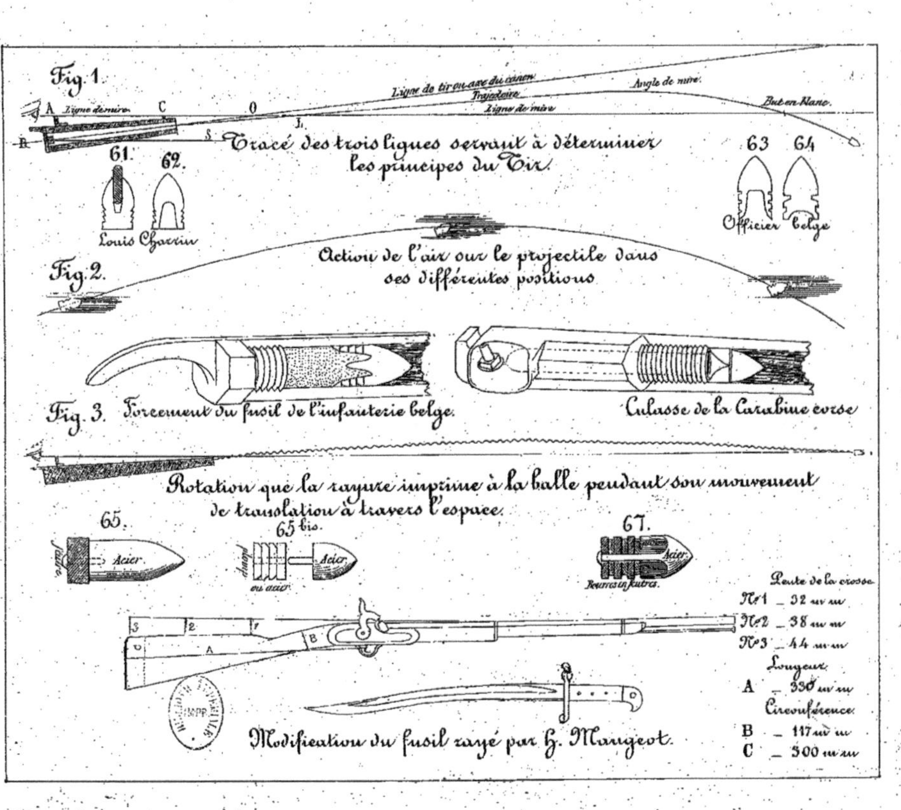

Fig. 1.
Ligne de tir ou axe du canon
Trajectoire
Angle de mire.
Ligne de mire
But en Blanc.
A Ligne de mire.
C
O
B
Tracé des trois lignes servant à déterminer les principes du Tir.
61.
62.
Louis Charrin
63   64
Officier belge
Fig. 2.
Action de l'air sur le projectile dans ses différentes positions
Fig. 3.   Forcement du fusil de l'infanterie belge.
Culasse de la Carabine corse
Rotation que la rayure imprime à la balle pendant son mouvement de translation à travers l'espace.
65.
65 bis.
67.
Acier.
Acier
ou acier
Acier
Feuilles en fautres.
Pente de la crosse
N° 1 _ 32 m m
N° 2 _ 38 m m
N° 3 _ 44 m m
Longueur
A _ 330 m m
Circonférence.
B _ 117 m m
C _ 300 m m
Modification du fusil rayé par H. Mangeot.

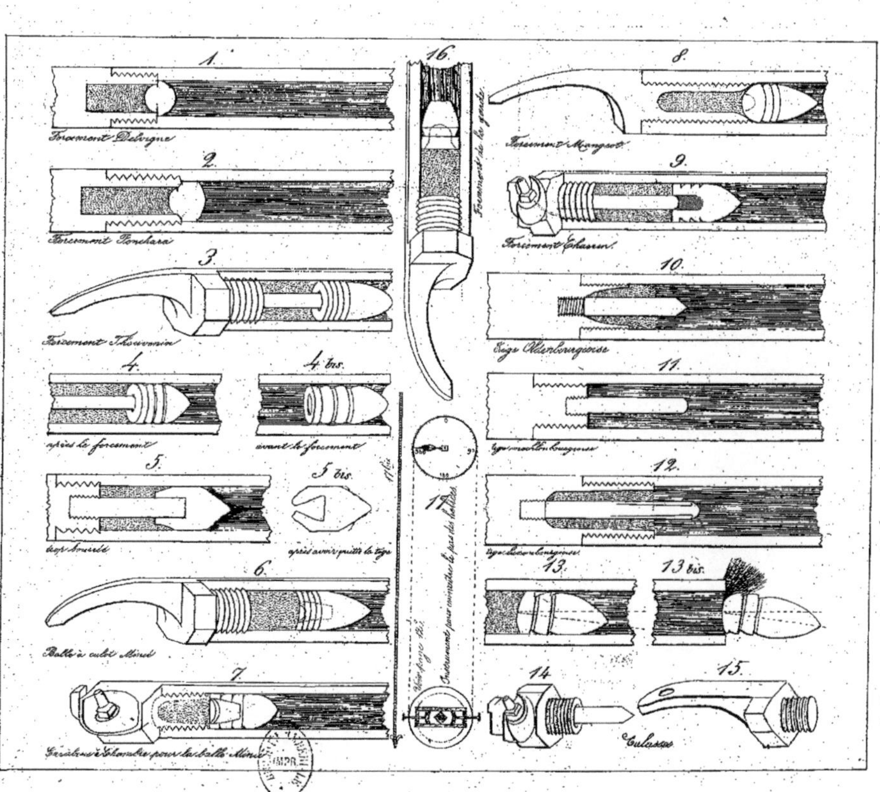

1.
Forcement Delvigne
2.
Forcement Ponchara
3.
Forcement Thouvenin
4.
après le forcement
4 bis.
avant le forcement
5.
trop écrasé
5 bis.
après avoir quitté la tige
6.
Balle à culot Minié
7.
Générateur à étrangler pour la balle Minié
8.
Forcement Manget
9.
Forcement Chasseur
10.
Tige Oldenbourgeoise
11.
12.
13.
13 bis.
14.
15.
Culasses
16.
17.

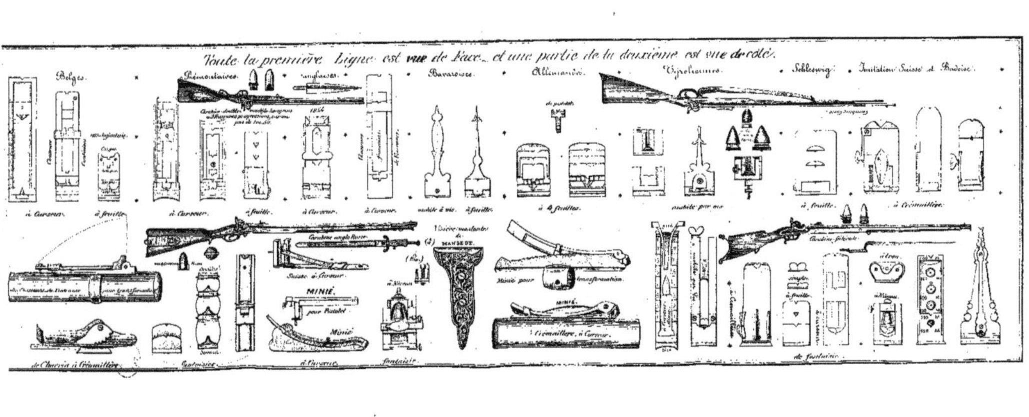

Chapitre XV.
par H. Mangeot,
Membre de l'Académie des arts et métiers de Paris.
Comblain 5 coups à révolution intermittente.
Victor Collette, pistolet à Guchet à 15 coups.
16.e Siècle.
Colonel Colt, 6 coups, à révolution intermittente.
Barnett, 6 coups, à révolution continue.
6 coups à révolution intermittente.
Modèle Flamand.
Lefaucheux, 5 coups, à révolution intermittente.
Deane Adams, 5 coups, à révolution continue.
Mariette, 6 coups, à révolution continue.
Mangeot-Comblain, 5 coups, à révolution continue.
Revolver Mangeot-Comblain pour Officier d'Infanterie.
Deuxième à Tige.
poids de 800 à 900 grammes.
Lith. de Nestor Delvigne, 14, rue St Géry.
DÉPOSÉ.

Canon Rayé. — Action des Gaz sur les differents Projectiles.
CANON-LISSE.
Lorsque le dernier battement de la balle à lieu contre la paroi du haut il engendre la rotation de bas en haut.
CANON-LISSE.
Lorsque le dernier battement de la balle à lieu contre la paroi du bas il produit la rotation de haut en bas.
Observations
Position du Tireur
Ligne de mire
TRAJECTOIRE
Tableau
Servant à guider les personnes peu versées dans la pratique du tir des armes de précision
H. MANGEOT
Arquebusier
Membre de l'académie des arts et métiers de France
DÉPOSÉ.

TRAITÉ

DU

FUSIL DE CHASSE

ET DES ARMES DE PRÉCISION

SUIVI

DE QUELQUES CONSIDÉRATIONS SUR LA MANIÈRE D'ÉVITER LES ACCIDENTS
D'UNE MÉTHODE DE TIR DU FUSIL DE CHASSE, DE LA CARABINE ET DU PISTOLET
D'UN RECUEIL D'ÉPREUVES
ET DE MANIPULATIONS EMPLOYÉES DANS LES MANUFACTURES D'ARMES
D'UN APERÇU SUR L'HYGIÈNE CANINE
ET D'UN SUPPLÉMENT SUR LES ARMES DE PRÉCISION

PAR H. MANGEOT

Arquebusier de la Cour à Bruxelles, et de S. M. le Roi des Pays-Bas,
Membre de l'Académie nationale, agricole, commerciale et manufacturière de France,
et Membre honoraire de la Société pour l'émancipation intellectuelle,
Auteur d'un opuscule sur la *Portée des canons de fusil*
et d'un *Résumé sur les armes de précision*.

DÉDIÉ AUX CHASSEURS ET AMATEURS D'ARMES

Ouvrage illustré de plusieurs gravures et d'un grand nombre de vignettes

NOUVELLE ÉDITION

Un vol. in-8°. — PRIX : 6 francs.

Paris. Impr. de J.-B. Gros et Donnaud, rue Cassette, 9.